Fort Pitt
Rochester
Kent
ME1 1DZ

Tel: 01634 888734
E-mail:
gatewayrochester@uca.ac.uk

ANTONIO

60 · 70 · 80

ANTONIO

60 · 70 · 80

Drei Jahrzehnte Mode

Herausgegeben von
Juan Eugene Ramos

SCHIRMER / MOSEL
MÜNCHEN · PARIS · LONDON

Den Essay von Katell le Bourhis übersetzte Anja Lazarowicz aus dem Französischen, die übrigen Texte übertrug Ingeborg Schober aus dem Englischen.

Der Verlag dankt Juan Eugene Ramos, Paul Caranicas, Alain Benoît, Paloma Picasso, Katell le Bourhis und Joëlle Chariau für ihre Hilfe beim Zustandekommen dieses Buches.

Die Deutsche Bibliothek – CIP-Einheitsaufnahme
Antonio: 60 · 70 · 80; drei Jahrzehnte Mode / hrsg. von Juan Eugene Ramos. – München; Paris; London: Schirmer-Mosel, 1994
ISBN 3-88814-719-0
NE: Ramos, Juan Eugene (Hrsg.)

Lithos: Repro Bayer, München
Satz: Typ-O-Graph, München
Druck und Bindung: Sellier, Freising

ISBN 3-88814-719-0
Eine Schirmer/Mosel Produktion

Inhalt

Vorwort

Paloma Picasso

Wir sind abends viel zusammen ausgegangen und uns dabei bereits ziemlich nahegekommen, aber wirkliche Freunde wurden wir erst, als ich Anfang der 70er Jahre für ihn Modell stand.

Ich schaute ihm gern bei der Arbeit zu. Normalerweise legte Juan das Konzept fest und hielt sich als fachmännischer Berater immer in Reichweite auf, um sich mit Antonio zu besprechen, wenn dieser wegen eines Details Zweifel hatte. Antonio liebte es, inmitten seiner Freunde zu arbeiten. Es ist mir noch heute ein vollkommenes Rätsel, wie er sich in dieser chaotischen Umgebung konzentrieren konnte, aber vermutlich brauchte er diese menschliche Wärme um sich, die er auf so selbstverständliche Weise selbst ausstrahlte und die ihm die Leute geschmeichelt wiederschenkten.

Sein Tisch war sehr ordentlich, mit einer Menge sauber gespitzter Bleistifte, Radiergummis, die auf ihren Einsatz warteten, und Tinten, die er zu einem Crescendo von Farben aufgeschichtet hatte. Er bat sein Modell, sich eine Pose zu überlegen, die er anschließend korrigierte, bis sie seiner Vorstellung entsprach; dann wurde er sehr ruhig, bis er plötzlich das weiße Papier leidenschaftlich attackierte.

Meine erste Modellsitzung mit ihm war die körperlich qualvollste, weil sie sich über Stunden hinzog. Aber was für eine außergewöhnliche Serie von Bleistiftzeichnungen! Da bin ich, wie ich das Trottoir entlangspaziere, wie ich auf einem Fensterbrett sitze, wie ich in den Straßen einer verlassenen Stadt versuche, meine Augen vor der Sonne zu schützen, und nur in Dessous gekleidet. Die Zeichnungen sind sehr detailliert, das Licht und der Hintergrund sind die Schlüsselelemente. Er hatte mich seinen Mädchen vorgezogen, weil ich damals noch ziemlich füllig war und er eine realistische Darstellung einer Frau wollte, die sich in der Hitze des Sommers verliert. Antonio und Juan waren damals sehr angetan von der Stimmung in Edward Hoppers Gemälden und experimentierten viel in dieser Richtung.

Ich habe ihm für viele verschiedene Projekte Modell gesessen, manchmal einfach nur, weil er jemanden brauchte, und dann hat er mein Gesicht ein bißchen verändert, damit man mich nicht erkennen konnte.

Er machte diese ganzen wundervollen Arbeiten für Anna Piaggi, und ich fand mich plötzlich auf dem Cover der italienischen *Vanity Fair* wieder und auch jetzt auf dem Umschlag dieses Buches mit einem Portrait, das ich wirklich liebe. Ich glaube nicht, daß ich jemals wieder so gut aussehen werde wie hier.

Antonio wird immer einzigartig bleiben, er irrte sich nie, wenn er intuitiv die charakteristischen Merkmale eines Kleidungsstücks akzentuierte und die Weiterentwicklung der Mode allen voraus erkannte. Er hatte begriffen, daß, wenn es in der Mode um Veränderung geht, sich dann auch die Art und Weise, wie man sie präsentiert, mitverändern mußte. Sein Stil und seine Technik entwickelten sich kontinuierlich und in einem leidenschaftlichen Tempo und schufen das Klima, in dem neue Trends angenommen wurden.

Antonio war zweifellos derjenige, der die Mode am meisten beeinflußt hat, ohne selbst ein Modeschöpfer zu sein. Seine Magie wird ewig weiterleben.

Antonio:
Freier Dialog zwischen einem
genialen Zeichner und der Mode

Katell le Bourhis
Direktorin des Musée de la Mode et du Textile, Paris
Paris, Juli 1994

»Ein Sprichwort sagt, daß die Narren die Mode erfinden und die Klugen ihr gehorchen.«
Dictionnaire de l'académie française 1694

Es ist wohl kaum ein Zufall, daß gerade Hélène Lazareff, die Begründerin von Elle[1], der ersten demokratischen und modernen Modezeitschrift der Nachkriegszeit, 1967 einen jungen amerikanischen Modezeichner nach Paris holte: Antonio Lopez.

Nachdem sie seine Modezeichnungen gesehen hatte, die amerikanische Zeitschriften wie Women's Wear Daily oder das New York Times Magazine bereits veröffentlichten, lud sie ihn ein, einen Artikel über Mäntel und Roben zu illustrieren. Damit knüpfte Elle wieder an die traditionelle Modezeichnung an, ein Genre, das zugunsten der Photographie durch die gesellschaftlichen Entwicklungen der 60er Jahre fast vollkommen aus den Zeitschriften verschwunden schien. Der triumphale Sieg von Jugend, Kreativität, Geschmack und Konsum hatte in der Mode eine vollkommen neue Nachkriegsgeneration von Modeschöpfern hervorgebracht.

Modekünstler wie Yves Saint Laurent, Courrèges oder Cardin, deren schöpferische Inspiration jetzt plötzlich der Pluralität der Jugend und der Straße entsprang, läuteten das Ende der sozialen Elite der Reichen und Schicken ein – dem einzigen Vorbild für die Inspiration der Frauen und der Mode, das seit drei Jahrhunderten auch so publiziert worden war. Die gesellschaftliche Oberschicht als elitäres Modell hatte in dieser ganzen Zeit nur die Meinung des königlichen Hofes – der einzigen maßgeblichen Institution für Stil und Mode – weiterentwickelt. Die Modezeichner der 50er Jahre, wie zum Beispiel Christian Bérard[2], Marcel Vertès[3], Bouët-Willaumez[4] oder René Gruau[5], hatten ihr Talent jeweils ausschließlich an ein Magazin verkauft, so wie ihre Vorgänger im 18. oder 19. Jahrhundert einzelnen Verlegern und Graveuren verpflichtet waren, die den

Geschmack der Elite bestimmten, indem sie in ihren Druckwerken bestimmte Moderichtungen propagierten.

Antonio Lopez, geboren in Puerto Rico, der Spanier aus New York, der am Fashion Institute of Technology[6] Malerei studiert hat, landet also in Paris, der unumstrittenen Hauptstadt der Mode. In seinem Gepäck hat er eine multikulturelle Vergangenheit, eine bereits sehr weit entwickelte technische Kunstfertigkeit und einen gewissen Grad an persönlicher Bekanntheit. Auf der Basis der Rockmusik lebt er das Universum, den Glauben und das Empfinden der Pop Art, deren Kind er ist.

Die künstlerischen Leitgedanken der New York School of Abstract Expressionism, die New York nach dem Krieg in den Rang einer Kunstkapitale erhoben, waren zu intellektuellem Snobismus verkommen; die Ideologie von der Abstraktion als höchster Ausdruckskraft war verbannt. Die Künstler der Pop Art huldigten statt dessen dem Realismus, dem Konkreten, Banalen, Unmittelbaren, dem materiellen Environment, industrieller Herstellung und Kommerzialisierung als zulässigen Quellen und Kostbarkeiten der Kunst.

Bezeichnend, daß Antonios erste Zeichnungen für *Elle* eine enge Verbindung zu den Werken der amerikanischen Pop-Künstler herstellen, die beim Publikum und in den europäischen Kollektionen bereits sehr beliebt sind; und zwar dank Geschäftsleuten wie Leo Castelli, deren Förderung der Künstler fast die Kunstkritik ersetzt. Antonio entwirft für *Elle* eine Frau mit langen blonden Haaren von vollkommener jugendlicher Schönheit, ins Visier genommen wie auf einem Fernsehbildschirm, in große Farbflächen unterteilt, scheinbar nicht von Menschenhand, schwarz umrandet, wie von einer Maschine »programmiert«[7] – so wurde es von Andy Warhol empfohlen, dessen Freund Antonio damals bereits war.

Antonio, dessen privates und intimes Leben völlig übereinstimmt mit der Gefühlswelt seiner Zeit, bringt seine Ideen in der Beherrschung extrem unterschiedlicher Arbeitstechniken zum Ausdruck: Bleistift, Kohle, Tusche, Gouachemalerei, Photographie und Collage. Er ist Nutznießer der Pop Art, von der die sogenannte kommerzielle Kunst aufgewertet wird, und er macht die Modezeichnung zu seinem bevorzugten Ausdrucksmittel. Im Unterschied zu vielen anderen Modezeichnern vor ihm ist Antonio weder ein Maler, der Mode illustriert, noch ein talentierter Graphiker – er ist ein Künstler, der seine Kunst für die Modezeichnung entfaltet, und die Mode wird zum Zentrum seiner Gefühle und seiner künstlerischen Bemühungen.

Sein Gespür für die Dynamik des menschlichen Körpers, seine Bewunderung für die Frauen – wegen der bei ihnen existierenden Verbindung zwischen Körperformen und persönlicher Psychologie –, seine Neugier auf andere, seine Lebenslust und sein Wissensdurst versorgen ihn mit den nötigen Stimuli, von denen seine Modezeichnungen leben. Er wechselt scheinbar ständig seinen Stil, bleibt sich aber immer treu. Die Portraits von Paloma Picasso, 1972 von der britischen *Vogue* in Auftrag gegeben, und die Zeichnungen für Yves Saint Laurents Herrenmode beweisen es: Er forscht und experimentiert in seinen Bleistiftzeichnungen virtuos mit dem Licht. Diese Ausdruckspalette erlaubt es den Modemagazinen zum erstenmal, gleichzeitig bei ihm Illustrationen zu bestellen, obwohl sie ja in Konkurrenz zueinander stehen. Antonio beendet nur zu gern seinen Kurs am F. I. T., um sich von dem sehr einflußreichen Magazin *Women's Wear Daily*[8] engagieren zu lassen, eine gesicherte Stellung, die er einige Monate später wieder kündigt. Er zeigt sich *WWD* zwar weiterhin dafür erkenntlich, daß man ihm eine Chance gegeben hat, arbeitet aber gleichzeitig wie verrückt für das *New York Times Magazine,* für *Vogue* in aller Welt (Männer und Frauen), für *Playboy, Elle, Marie-Claire, Dépêche-Mode, 20 Ans* und viele andere mehr. Seine Arbeit und seine Persönlichkeit werden dreißig Jahre lang überall – in Amerika und Europa, in Japan und in Australien – von der Modewelt und der Werbung dieser Branche anerkannt.

Jede einzelne von Antonios Zeichenserien ist formal und thematisch exakt in Szene gesetzt. Die ebenso klischeehaften wie beliebten Posen der eleganten Dame – zum Beispiel »Der Besuch«, »Der Ball«, »Die Oper«, »Die Welt der Pferde«, Hintergrund für die Modeillustrationen der 30er bis hin zu den 50er Jahren, den direkten Erben der Illustrationen des 18. und 19. Jahrhunderts – gibt es bei Antonio nicht.

Hinter der Signatur »Antonio«, die das Lopez aufgegeben hat, verbergen sich eigentlich zwei Schulfreunde, zwei Partner im Leben und in der Arbeit: Antonio und Juan Ramos. Während Antonio wie unter Zwang inmitten zahlloser Freunde in dem lauten Chaos seines Studios oder an jenen Orten des Vergnügens zeichnete, die er selbst mit ins Leben gerufen oder entdeckt hatte, wie zum Beispiel das »Studio 54«, den Club von Yann Schreiger und Steven Rubell in New York, oder den »Club 7« von Fabrice Emear in Paris, komponierte Juan ihre Inszenierungen. Sie wählten entsprechende künstlerische und kulturelle Verweise als thematische Grundlage und formellen Rahmen für die Mode- oder Werbemotive, die man ihnen vorschlug. Antonio kümmerte sich vor allem um die vollkommene Haltung des Mannequins.

Antonios Zeichnungen zeugen von einem kreativen und außergewöhnlichen Dialog zwischen diesen beiden Künstlern, wie die Serie für das *New York Times Magazine* 1967 belegt. Dabei handelt es sich um eine Reihe von Zeichnungen, auf denen sich die abgebildeten Kleider mit Photoportraits von Juan und Antonio und einer Schriftgraphik überlagern und verschlingen. Diese kunstvolle Ausarbeitung, die der banalen Kleidung plötzlich eine dynamische und moderne Attraktivivität verleiht, wäre nicht denkbar ohne James Rosenquists und Andy Warhols Vitrinen 1959 und 1961 für das große New Yorker Kaufhaus Bonwit Teller.

Die Serie für die französische *Vogue* 1970 und für die italienische *Männer-Vogue* verbrämen und verherrlichen die Alltäglichkeit von Jeans, T-Shirt und Minirock. Definitiv wie im Drogenrausch dargestellt, mit im Wind flatternden Haaren in einer sehr kalifornisch angehauchten Werbesequenz, sind diese Modezeichnungen alle ein direktes Echo auf den Kultfilm *Easy Rider* von Dennis Hopper.

Antonio und Juan freunden sich mit Karl Lagerfeld an, der jetzt die Kollektion »Chloé« leitet, haben sich in Paris niedergelassen und übernehmen im selben Jahr für die Zeitschrift *20 Ans* von Tom Wesselmann und James Rosenquist die dicken roten Lippen, der bei den Pop Artisten beliebte Ausdruck für Weiblichkeit. Dabei werden die Badeanzüge, die Antonio in der Serie »Nage libre« präsentiert, von Frauen getragen, die nicht verloren und verlassen sind in einer materialistischen Welt, sondern von freien, fröhlichen, dynamischen und attraktiven Frauen, die nichts dagegen haben, mit einem 2 CV in die Ferien zu fahren. Mit anderen Worten das Ideal der jungen Leserin, die man über die neueste Strandmode informieren und zum Kaufen verleiten will – dem Ziel jeder Modezeichnung.

Wie die Künstler und die Jugend der 60er und 70er Jahre verehrt Antonio den wiederentdeckten nackten Körper, mehr als dreißig Jahre lang eine Konstante in seinem Werk. Antonio liebte die Frauen, er lebte umgeben von Frauen und zeichnete immer ausschließlich nach der Natur – Kleider und Mannequins. (Juan erinnert sich daran, wie die Werkstatt in der Rue de Versailles, über der sie damals lebten, in ein Atelier verwandelt wurde, indem die Gegenwart junger Schönheiten in Badeanzügen an die Stelle von Garage und Autos eines sympathischen Mechanikers traten.) Die sichtbare Körperform, neu für die Damenmode, die er zeichnet, die ideale Linie und die Dynamik ihrer jungen und sportlichen Körper ermöglichen ihm eine neue Darstellung des Körpers in Bewegung, ganz nach seinen Phantasien und Sehnsüchten.

Jetzt gehört die Mode allen; Inspirationsquelle Nummer eins ist die Straße. Die distanzierte, intellektuelle Frau mit dem auffallend guten Geschmack gibt es nicht mehr. Antonio stattet ihr allerdings von Zeit zu Zeit noch einen Besuch ab, etwa in der Serie von Zeichnungen, die er 1963 für *Harper's Bazaar* anfertigt: eine Frau, schon aus der Ferne gesehen, im braven, gediegenen Schneiderkostüm, das Ganze in Kohle ausgeführt. Antonio spielt hier mit der Spannung zwischen einem ausgesprochen klassischen Moment, das im Sujet, seiner Pose und seiner Kleidung zum Ausdruck kommt, und einer gewissen Verunsicherung, die sich in der Zigarette und dem von einem Hut verschleierten Blick andeutet.

Antonio gibt sich nicht mit der Rolle eines talentierten Modegraphikers zufrieden. Seine Frauenzeichnungen ergänzt er sehr oft durch eine ganz bewußt ein-

anfängt, alt zu werden und an ihrem Glauben zu zweifeln beginnt. Seine Kenntnisse in moderner Kunstgeschichte ermuntern ihn zu Experimenten. Als ganz nach seiner Wahl gebildeter und leidenschaftlicher Mann nimmt er beharrlich Bezug auf Meister der Malerei wie Salvador Dali (1986, Zeichnung für den Hispanic Designers Award), Fernand Léger (1966, Zeichnung für das *New York Times Fashion Magazine*) oder Giorgio de Chirico (1983, Zeichnung für das italienische Magazin *Vanity*).

bar gewesen ohne seinen Zeitgenossen Richard Avedon, der im Bereich der Modephotographie brillierte.

Auch hier geht Antonio andere Wege als die traditionellen Modeillustrationen. Wenn es um das Zeichnen von Kleidern ging, war ihre Arbeit eher Teil einer imaginären Welt oder wenigstens einer wiederhergestellten Welt: ein fiktives Ideal an einer genormten Figur. Extreme Beispiele dafür sind die Modegravuren aus dem 18. und 19. Jahrhundert, auf denen man die gleiche Gestalt auf zwei verschiedenen Gravuren entdecken kann, nur mit anderen Kleidern.

Antonio schöpft seine kreative Energie überall auf der Welt aus seinem Leben, seinen Freunden, seinem Milieu. Er ist gleichzeitig Schöpfer und Mitspieler einer Welt, die sich seit den 60er Jahren nicht nur verjüngt, sondern auch internationalisiert und homogenisiert hat in der Vielfalt ihrer Sehnsüchte und ihrem Verlangen nach schnellen Bildern.

Er lebt zusammen mit den Künstlern, mit Malern, Musikern, Mannequins, Journalisten und Couturiers, die ihn so inspirieren, wie er sie inspiriert. Leidenschaftliche Freundschaften mit Modeschöpfern wie Karl Lagerfeld oder Charles James entwickeln sich; ganz alltägliche und liebevolle wie auch professionelle Beziehungen entstehen zu sehr jungen Frauen, die er zufällig entdeckt und deren Schönheitspotential er weckt, um sie zu Star-Mannequins zu machen, wie zum Beispiel Pat Cleveland oder Jerry Hall, die jetzt ganz oben an der Spitze sind.

Antonio ist auch ein Talentkatalysator, der andere anzieht. Sein Werk ist Ausdruck eines unerschütterlichen Selbstvertrauens. Er bewahrt sich immer die Reinheit und die Neugier eines Bohemien, der umgeben von seinen vielen Freunden lebt und arbeitet. Das Studio, das er 1975 mit Juan nach ihrer Rückkehr in New York einrichtet, wird zu einem absoluten Anziehungspunkt[9].

Antonios Modezeichnungen sind deshalb so erfolgreich, weil er vollkommen zeitgenössisch ist. Ausgerechnet zu dem Zeitpunkt, als der Wettkampf zwischen Modezeichnungen und Modephotographie beendet ist, nämlich Ende der 50er Jahre, als die Modephotographie dank ihres konkreten Darstellungsvermögens das Rennen gemacht hat, gelingt es Antonio, der Modezeichnung wieder zum Durchbruch zu verhelfen. Er zehrt von Anspielungen, die er ohne irgendwelche Nostalgie transponiert, selbst noch in den 80er Jahren, als seine Generation

gesetzte Psychologie. Moderne Jugend im Überfluß wechselt sich ab mit einer neuen Art, die weibliche Verletzbarkeit und Zerbrechlichkeit zeichnerisch zu formulieren, die ihn so fasziniert. Zum Beispiel die Wirkung der Zeichnung von einer Frau in einem sehr kurzen Kleid und mit Schal, verloren in einem Universum wogender Punkte, deren einsame Angst aber in einem Schattenspiel aufflackert, das einen Teil ihres verhüllten Gesichts geschickt maskiert (*New York Times Magazine,* 1966). Antonios künstlerische Entwicklung wäre übrigens nicht denk-

Wenn eine Mode auf die andere folgt wie in einer unendlichen Kette, dann müssen ihre Protagonisten, die Couturiers und Modeschöpfer, die Mannequins und Journalisten, die Photographen und Illustratoren sich ständig weiterentwickeln, oder sie verschwinden. Antonios Arbeit von dreißig Jahren hat nicht nur die Modezeitschriften und die Modewerbung mit Leben erfüllt, sondern auch die Mode selbst. Als Zeichner, der viele Techniken beherrscht, unterliegt er nicht den Einschränkungen des Photoapparats, der schließlich eben doch eine greifbarere Realität verhindert. Als Schöpfer absorbiert, reflektiert, transformiert und projiziert Antonio den Geschmack und den Geist der letzten dreißig Jahre quer durch die Welt der Mode, die er illustriert.

Im Vergleich zu anderen Kunstdisziplinen zeugen seine Zeichnungen von einem unmittelbaren Ausdruck der zeitgenössischen Kultur und dem Übergang zur folgenden Epoche. Seine Zeichnungen sind ein Dialog zwischen den Ideen des Augenblicks und denen der Vergangenheit, ein Diskurs zwischen alltäglichen und künstlerischen Werten. Antonios zeichnerisches Werk verdient insgesamt David Hockneys Würdigung seiner Modezeichnungen: Antonio ist *»zuallererst Künstler und dann erst Modekünstler«*[10].

Anmerkungen

[1] *Elle:* Modezeitschrift, am 21. November 1945 von Hélène Lazareff gegründet.
[2] Christian Bérard: 1902–1949, französischer Maler, Bühnenbildner und Modeillustrator.
[3] Marcel Vertès: 1895–1961, in Ungarn geborener, amerikanischer Maler, Bühnenbildner und Modeillustrator.
[4] René Bouët-Willaumez: 1928 geboren, französischer Modeillustrator.
[5] René Gruau: 1909 in Italien geboren, französischer Modezeichner.
[6] F. I. T.: Fashion Institute of Technology, Seventh Avenue at 27th Street, New York, Hochschule für Mode und Modeindustrie.
[7] Swenson: *What is Pop Art?,* S. 26.
[8] *Women's Wear Daily:* amerikanische Tageszeitung für Mode, am 13. Juli 1910 gegründet.
[9] Antonios Studios: New York City: Carnegie Hall (1963) und Union Square West (ab 1975); Paris (1970–1975): Boulevard Saint Germain, Avenue de Versailles, Rue Jacob.
[10] David Hockney: *Fashion Drawing in »Vogue«* (Einführung), 1983, S. 7.

Erinnerungen an Antonio

Nao Oishi
Katalog Antonio-Retrospektive,
Tokio 1987

Heute weiß ich, daß mich Antonio, noch bevor ich ihn persönlich kennenlernte, tief beeindruckt hat. Ich erinnere mich, welche Wirkung seine im *New York Times Magazine* veröffentlichten Arbeiten auf mich ausgeübt haben. Das war meine erste Begegnung mit seinen Zeichnungen, und sie brachten auf jeder Seite genau jene Vitalität zum Ausdruck, die ich damals, bei meinem ersten New York-Besuch einfach von allem Amerikanischen erwartete. Doch wie beeindruckt und überrascht war ich dann wirklich, als ich schließlich Antonio und seinen Lebensgefährten Juan Ramos (inzwischen ein guter Freund von mir) in ihrem Carnegie Hall Studio kennenlernte. Und das hatte vor allem mit ihrer Lebens- und Arbeitsweise zu tun. Um sie herum herrschte eine unternehmungslustige Ausgelassenheit und Intensität, die einem trotz der wilden Aufregung völlig natürlich erschien und einfach ansteckend wirkte. Aber noch verblüffender war wohl die Erkenntnis, daß Antonio und Juan und viele von ihren Freunden (wie zum Beispiel Andy Warhol, Halston, Giorgio St. Angelo, Patti d'Abanville, Donna Jordan und Jane Forth) trotz ihrer persönlichen Leistungen allesamt eine sehr gleichgültige Einstellung ihrem gesellschaftlichen Erfolg und Ruhm gegenüber einnahmen. Patti, Donna und Jane dürften damals kaum älter als 16 Jahre gewesen sein, aber sie hatten ausnahmslos dieses entwaffnend sichere Auftreten, das Erwachsene der oberen Zehntausend in Washington an den Tag legen. Alle strahlten sie diese

*Von rechts oben:
Nancy, Antonio,
Christine, Donna,
Nadege und Corey,
Chloe Show, Paris
1974.*

15

Ausgeglichenheit aus. Und ihnen allen schienen die komplexen und aufregenden Aspekte dieses neuen, modernen Lebens deutlich bewußt zu sein. Als Beobachter fand ich heraus, daß es so etwas wie einen unbestimmbaren, aber dennoch beherrschenden neuen Code gab, der jedem, der an den neuen Modernismus glaubte und ihn verstand, diese Selbstgewißheit und Gelassenheit (vielleicht sogar den späteren Erfolg) verlieh. Und ebenso zwingend war die Bedeutung, die man Tanz, Musik, Mode, Kunst, ja selbst dem Geschäft beimaß. Es war faszinierend, mit so viel Selbstbewußtsein und kreativer Vitalität konfrontiert zu werden.

Und ich darf wohl behaupten, daß Antonio nicht nur Teil dieser Bewegung war, sondern bei ihrer Entstehung auch zu den maßgeblichen kreativen Kräften gehörte.

Aus diesem Grund war Antonios Kunst niemals unpersönlich oder gar marginal; vor allem aber blieb sie nicht unbekannt. Man konnte sein vollkommenes Selbstvertrauen geradezu spüren. Mit Staunen beobachtete ich, mit welcher Ruhe er zeichnete, egal wie viele Leute anwesend waren und völlig unbeeindruckt von der sich überschneidenden Geräuschkulisse aus Fernsehen, Popmusik und lautem Stimmengewirr um ihn herum. Wenn er Skizzen anfertigte und sich mit Juan beriet, dann konnte man förmlich sehen, wie seine Vorstellungen von bestimmten Bildern und Gedanken Gestalt annahmen. Er schien alles aus dem Stegreif und völlig mühelos zu erschaffen.

Antonios Genialität übertraf noch seine brillante Technik und die Sinnlichkeit seiner Kunst. Angriffslustig und mit einer beträchtlichen Portion Übermut er-

Antonio, Juan und Ingeborg, Carnegie Hall Studio, New York 1965.

forschte er das kollektive Verhalten und die Phantasien der Gesellschaft, definier-
te dabei das Establishment ebenso wie die Avantgarde, und bei seinen Versu-
chen, den gängigen Geschmack in Bilder zu fassen, erneuerte er ihn nicht selten.
Immer seinem Vorsatz, visuelle Sensationen zu schaffen, treu bleibend, bediente
sich Antonio mit hemmungsloser Virtuosität aller wichtigen kunsthistorischen
Stilrichtungen vom Barock bis zum Konstruktivismus, vom Surrealismus bis zum
Sukzessionismus. Er benutzte die Vergangenheit und schien dabei von einer
Sehnsucht nach der Zukunft getrieben zu sein (als ob er sie bereits erlebt hätte).
Bei all dem sorgte Juan dafür, daß Antonio sich nicht von Belanglosigkeiten
ablenken ließ. Und deshalb verdanken wir dieses mächtige innovative Potential
auch der stets aufmerksamen und überaus kritischen (und bisweilen diktatori-
schen) Führung von Juan Ramos. Sie haben gut zusammengearbeitet.

Als ich Antonio näher kennenlernte, wurde mir klar, daß es für ihn und für
Japan (mein Heimatland) gleichermaßen wichtig wäre, die Einführung in sein
Werk gemeinsam in Angriff zu nehmen. Und so kamen dank meiner engen
Zusammenarbeit mit Juan und Antonio und vielen interessierten Freunden und
Kollegen in Japan nicht weniger als acht ambitionierte und erfolgreiche Ausstel-
lungen seiner Arbeiten in Tokio und Kyoto zustande.

Antonio glaubte sehr stark an Dinge wie Mystizismus, Telepathie und Zufall.
Als ich ihn das letzte Mal in seinem New Yorker Studio besuchte (zehn Monate
vor seinem verfrühten Tod), erinnerte er mich freundlich daran ... »Nao, warum
fangen wir nicht endlich mit der Arbeit an diesem Buch über mich an? Wir
könnten zusammen daran arbeiten.« Inzwischen habe ich das Buch geschrieben.

Ich werde unsere lange Freundschaft und Zusammenarbeit nicht so schnell ver-
gessen.

Oben: Tina Chow und Antonio, New York 1982. Unten: Antonio und Juan, New York 1964.

Im Uhrzeigersinn von
unten: Antonio, Peter
Hale, Charles James,
Mrs. Fritz Bultman,
Homer Layne, Juan
und Eija, Chelsea Hotel,
New York 1976.

Ein Konzert kreativer Geister

Bill Cunnigham
Antonio Tribute, F. I. T., 1987

Antonio war ein ungewöhnlicher Mensch. Er wurde mit einem enormen Talent geboren, und dieses Talent konnte sich in einer Abfolge kongenialer Zusammenarbeiten voll entfalten. Da war erst einmal seine lebenslange Freundschaft mit Juan Ramos; ihre Zusammenarbeit wird für immer unauslöschlich bleiben. Gemeinsam erfanden sie die Modezeichnung neu und verhalfen der Kunst in der Mode zu einem noch nie dagewesenen Stellenwert und Einfluß. Mit Vitalität, Begeisterung und Phantasie erschufen sie ein Gesamtwerk, das man nur als *tour de force* bezeichnen kann. Antonio zeichnete das Unvorstellbare und zeigte reale, in die Welt ihrer Träume versetzte Menschen. Damit bewegten sich seine Modezeichnungen außerhalb der üblichen Erwartungen und wurden in eine der hohen Kunst vergleichbare Position gehoben. Antonio schuf seine kraftvollen, sinnlichen und erotischen Arbeiten mit intuitiver Meisterschaft, einem ausgeprägten Gespür für klare Linien und üppige Farben, mit leidenschaftlicher Sinnlichkeit und echter Innovationskraft.

In den 60er und 70er Jahren reagierte Antonio mit seinen Zeichnungen nicht nur auf die gesellschaftlichen und politischen Umwälzungen jener Dekaden – er nahm sie vorweg.

Juan, der sich der gemeinsamen Sache voll und ganz verschrieben hatte, formte und dirigierte Antonios Talent. Den Namen Antonio etablierten sie als Markenzeichen ihrer Zusammenarbeit. Antonios Persönlichkeit war wie maßgeschneidert für das Rampenlicht. Juan mit seinem erfahrenen, kritischen Auge funktionierte am besten, wenn er unauffällig im Hintergrund arbeiten und für Antonios übermütige Verspieltheit Raum schaffen konnte.

Von Anfang an zog Antonio eine ständig wachsende Gefolgschaft von Freunden und Bewunderern an, denen er auch dann noch die Treue hielt, als ihn die Berühmten und Prominenten in New York und Paris feierten. Antonio kehrte immer wieder zu seinem legeren, bohèmehaften Lebensstil zurück.

Ich lernte Antonio und Juan 1962 kennen. Sie kamen frisch von der Schule, frönten dem Courrèges-Look und lebten mit 26 Tiffany-Lampen in einer viktorianisch eingerichteten Wohnung. 1963 zogen sie in das Carnegie Hall Studio. Da ich nebenan wohnte, konnte ich ihre Entwicklung mit meinem ersten Photoapparat festhalten; Antonio und sein Freund, der Photograph David Montgomery, hatten ihn mir mit dem Hinweis geschenkt, ich solle ihn als eine Art Notizbuch benutzen. Diese Schwarzweiß-Schnappschüsse hier zeigen das Erwachsenwerden der »Kids«, wie ich sie nannte. Damals gehörte der Sonntagsspaziergang um

Central Park,
New York 1968.

den Springbrunnen an der 72nd Street im Central Park zu ihren Lieblingsbeschäftigungen.

Antonio sagte oft: »Du hast die sechziger Jahre, als sich doch alles um die Farbe drehte, in Schwarzweiß photographiert.« Antonio ist der eigentliche visuelle Autor der Sixties. Man sehe sich nur sein in allen Regenbogenfarben schillerndes Panorama jener Zeit an, das so vielgestaltig und so verblüffend authentisch die Wünsche und Sehnsüchte dieser Epoche aufs Papier bringt. Es war ein visuelles Zeitalter, und Antonios Zeichnungen handeln von dem Augenblick, als die Mode die Hauptbühne betrat.

Solange er noch Konfektionsware zeichnen mußte, verlieh seine schwungvolle Linienführung gewöhnlichen Kleidern eine Eleganz und Vitalität, die sie gar nicht besaßen; er öffnete die Tore seiner Phantasie und erfand märchenhafte Accessoires und Schauplätze, mit denen er der uninspirierten Massenware

Rechts: Paris 1972.
Unten: Paris 1970.

21

Von links nach rechts:
Leslie, Donna, Pat,
Mouche, Antonio,
Cathee, Susan, Karen,
Jane, »Antonio's
Girls«, New York
1983.

Links: Antonio und
Grace, New York
1983. Rechts: Antonio
und Juan mit Charles
James, Chelsea Hotel,
New York 1976.

auf die Sprünge half. Seine Modelle entdeckte er in Restaurants und Disco-
theken, und oft verdankten sie ihm ihre Karriere. Viele klingende Namen stehen
für die fruchtbare Zusammenarbeit mit Antonio, etwa Pat Cleveland und Jerry
Hall. Susan und Ingeborg waren seine ersten Modelle, dann folgten Kathy und
Donna (die sich selbst für eine Wiedergeburt von Marilyn Monroe hielt) und Jane
Forth.

Die Kids verkleideten sich gern. Juan, der bei Alwyn Nicolai studiert hatte, zog
sich einen Schlauch aus Jersey-Stretch über den Kopf und verrenkte sich vor
einem Wall aus buntblitzenden Stroboskop-Lampen zu merkwürdigen Gebilden,
nur um Antonio in die richtige Stimmung für ein psychedelisches Ambiente zu
versetzen.

Die *Vogue*-Photostudios, die sich in der Carnegie Hall nur ein paar Türen weiter
befanden, wurden spätnachts, als die Models und Redakteure längst gegangen
waren, zu einem Tollhaus für hemmungslose Verkleidungsorgien. Die Kids staf-
fierten sich mit *Vogue*-Requisiten aus und stellten ihre eigene Version der Photo-
termine mit Veruschka nach.

Ende der 60er Jahre war Antonio international anerkannt. In Tokio, wo die
westliche Mode die Szene beherrschte, avancierten seine Zeichnungen zu einflußreichen Vorbildern für die neue Generation der Design-Studenten.

Eine in jeder Hinsicht ertragreiche Zusammenarbeit hatte Antonios Begegnung mit Charles James zur Folge, einem Modeschöpfer, der ebenso leidenschaftlich wie obsessiv sein Ideal des einzigartigen, ureigenen Designs aufrechterhielt. Ihre Freundschaft brachte ein fünfjähriges Projekt von Wagnerianischem Ausmaß ins Rollen, das Charles James' Lebenswerk, gezeichnet von Antonio, zum Thema hatte. James führte Antonio in die Feinheiten der Couture-Schneiderei ein und lenkte sein Augenmerk auf die »Konstruktion«, die für jeden Entwurf entscheidend sei.

Charles James war ein Relikt der grandiosen Couture-Tradition. Als Antonio die Szene betrat, war sein Stern bereits im Sinken begriffen. Doch das Interesse Antonios schien James' kreative Energie erneut anzufachen, und in gemeinsamer Arbeit entstanden unvergeßliche Zeichnungen. Während dieser Sitzungen, die nach Mitternacht in Antonios Studio und später dann in Charles' Zimmer im Chelsea Hotel stattfanden, kleidete Charles die Modelle ein, stellte sie in Positur und brachte ihnen die Posen und Haltungen bei, die noch aus eleganteren Zeiten stammten. War er mit den Modellen nicht zufrieden, zog er nicht selten selbst eines seiner Kleider an, in der Überzeugung, es besser zur Geltung bringen zu können als unprofessionelle Models. Für ein Selbstportrait präsentierte sich Antonio in der berühmten Steppjacke aus dem Jahr 1937. Keiner der im Raum Anwesenden war davor gefeit, als Modell eingespannt zu werden. Eines Nachts, so gegen zwei, brachen Antonio und Charles entnervt die Arbeit ab, weil sie mit dem Modell, das ein spiralengesäumtes Kleid vorführen sollte, nicht zu Rande kamen. Antonio verließ das Studio und kehrte nach einer halben Stunde mit einem hochgewachsenen, gertenschlanken jungen Mann mit schmalen Hüften zurück. Das spiralengesäumte Kleid glitt über seinen dünnen Körper und paßte wie maßgeschneidert. Charles geriet in Verzückung, und Antonio befand sich augenblicklich wieder im Zustand höchster Konzentration.

Erst bei Sitzungen wie diesen wurde mir die Intensität und Tortur wirklich bewußt, der sich Antonio aussetzte, wenn er darum rang, die Essenz eines jeden Designerstückes zu erfassen. Mit magnetischem Blick versuchte er das Wesen eines Kleides zu ergründen, sein Mund und seine Zunge waren ständig in Bewegung. Man konnte förmlich die kreative Kraft greifen, die durch seinen Körper jagte und dann aus seinen Händen herausfloß, wenn sie mit dem Kohlestift über das weiße Papier rasten.

Wie ein Sumo-Ringer studierte er erst lange sein Objekt, hob dann langsam den Arm und bog seine Finger wie Delphinflossen nach hinten. Schließlich sauste sein Arm blitzartig herunter und über das Papier, auf dem eine majestätische Linie zurückblieb. In diesen hochkonzentrierten Augenblicken verstummte die ständig anwesende Gefolgschaft seiner Freunde. Charles, der sich wie der Diri-

Juan und Antonio,
Paris 1972.

*Donna und Antonio,
Metro Paris, 1970.*

gent eines Symphonieorchesters verhielt, war der einzige, der Antonios Konzentration durchdringen konnte. Hier agierten, direkt vor unseren Augen, zwei außergewöhnliche Talente in vollendeter Übereinstimmung.

1970 zogen die Kids von New York nach Paris, wo sie Karl Lagerfeld kennenlernten, mit dem es zu einer weiteren denkwürdigen Zusammenarbeit kam, in deren Verlauf sie wechselseitig ihren künstlerischen Appetit stillten. Karl überließ Antonio seine Art Déco-Wohnung und stellte ihn seinen Herrenschneidern vor. Innerhalb weniger Wochen waren sie komplett herausgeputzt und steckten mitten in einem Luxustrip à la Scott Fitzgerald, der unter anderem eine Reise an die Riviera in privat angemieteten Eisenbahnwaggons einschloß. Trotz alledem blieb Antonio diese pfiffige, liebenswürdige Person und wurde kein eingebildeter Fatzke.

Einen Tag vor Karls Modenschau feierten Antonio und die Kids abends in einem Café am Montmartre, in dem sein Freund Billie auftrat. Im Morgengrauen schichteten sie sich alle in ein Taxi, das sie, wehende Federboas und flatternde Seidenschals im Schlepptau, auf ihrem Heimweg über die Place Pigalle fuhr. Hier entdeckte Antonio eine ein Meter fünfzig große Schöne der Nacht mit karottenrotem Haar in einer apfelgrünen Jacke aus Pelzimitat, Minirock und Plateauschuhen.

Er rief dem Taxifahrer zu, anzuhalten. Die Türen flogen auf, die junge Dame wurde gebeten, sie zu begleiten, und man versprach ihr einen Job als Model in Lagerfelds Show, die an diesem Morgen um neun Uhr stattfand. Innerhalb weniger Stunden wurde die Neuentdeckung zum Star von Lagerfelds Modenschau,

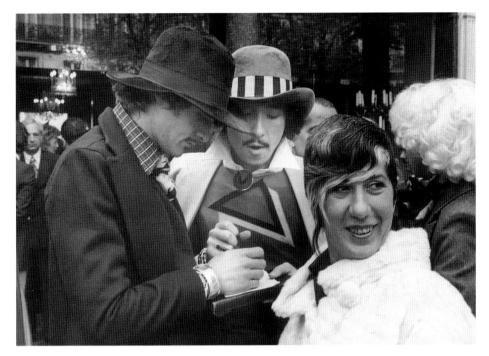

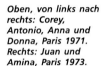

Oben, von links nach rechts: Corey, Antonio, Anna und Donna, Paris 1971. Rechts: Juan und Amina, Paris 1973.

und am Ende eilten die Damen der internationalen Modepresse, wie Eugenia Sheppard und Hebe Dorsey, hinter die Bühne, um diese neue Winzigkeit von Mode-Sensation zu interviewen.

Im Sommer 1972 lernte Antonio in Paris eine hochgewachsene, blonde Amerikanerin mit dem Spitznamen »Tex« kennen, bei uns besser unter dem Namen Jerry Hall bekannt. Tex und Antonio boten einen exotischen Anblick und verhalfen dem Begriff vom verrückten Amerikaner in Paris zu neuer Aktualität: Tex in ihren Frederick's of Hollywood-Klamotten und billigen Schuhen mit Korkplateausohlen, Antonio im Outfit des großen Gatsby. Jerry zog bei den Kids ein und wurde Antonios neues Starmodell. Ihr Debüt absolvierte sie auf Lagerfelds Laufsteg, der inzwischen zur Startrampe für Antonios Entdeckungen geworden war.

Karl, der gerade seine Metamorphose zurück ins 18. Jahrhundert durchlebte, kleidete sich damals auf eine äußerst barocke Weise. Die verrückten Amerikaner – Antonio und Juan – waren viel zu sehr damit beschäftigt, die Welt auf den Kopf zu stellen, als daß sie ihm in eine Wohnung gefolgt wären, in der es, stilecht im Sinne des 18. Jahrhunderts, weder Elektrizität noch sonstige zivilisatorische Errungenschaften gab.

Kurz darauf zogen sie alle ins Crystal Hotel hinter dem Café Flore, in dem bereits Jerry Hall und Grace Jones wohnten. Jeden Tag traf sich die Clique um zwei Uhr nachmittags in Antonios Zimmer und brach dann mit der Metro auf – die Metrostationen waren mit Antonios Plakaten dekoriert –, um im La Coupole zu frühstücken.

1975 hatte die fidele Gesellschaft genug von den Franzosen und die Franzosen wohl auch genug von ihnen. Sie kehrten nach New York zurück, und die beständig wachsende Gefolgschaft richtete sich in einem Loft Downtown am Broadway

ein. Auf das unterhaltungssüchtige Bohèmeleben der Pariser Jahre folgte eine seriöse Phase. Antonio konzentrierte seine Bemühungen auf die Arbeit in verschiedenen Bereichen – statt der Zeichenkreide benutzte er jetzt oft Lippenstifte, Augenbrauenstifte und andere Kosmetika; er stellte ein fundiertes, weitreichendes Programm von Unterrichtsseminaren zusammen und organisierte, neben großen Malkampagnen für Bloomingdale's und andere Kaufhäuser in Japan und Australien, Museumsausstellungen seiner Arbeiten.

1979 machte er eine Serie von Zeichnungen, mit der die übliche Coty Award Fashion Show ersetzt wurde. Jeder Besucher erhielt in diesem Jahr eine hübsche, in der Auflage limitierte Mappe mit Antonios Zeichnungen der Preisträger. In dieser Phase wurden Antonios Zeichnungen von Annabelle, einem neuen Model, beeinflußt. Ihr engelhaftes, zartes Aussehen inspirierte die Kids zu ausgefallenen Sets und Requisiten für ihre Posen, beispielsweise Schulterpolster für Football-Spieler und hochhackige Schuhe mit Absätzen von über 20 cm, auf denen man unmöglich stehen konnte; Annabelle mußte abgestützt werden.

Das brachte Antonio auf die Idee, eine Serie exotischer, bemerkenswert erfinderischer Schuhzeichnungen anzufertigen. Der nächste Schritt in dieselbe Richtung führte zu einer Zeichenserie über Motorradbekleidung, für die Antonio seine Models, die so taten, als würden sie sich die Kleider vom Leibe reißen, auf einem Motorrad Platz nehmen ließ.

An einem Januarabend 1977 versammelte Antonio seine Freunde und besten Modelle, die alle Disco-Kleidung trugen, die er für Fiorucci entworfen hatte. Wir verließen Manhattan in Bussen und brachen nach Queens zur Enchanted Garden Discothek auf. Der Abend sollte zur Generalprobe dessen werden, was im Studio 54 ein Jahr später Premiere feierte: eine grelle Mischung aus Prominenten und

Oben: Antonio und Juan, Union Square Studio, New York 1980. Unten: Tara und Antonio, New York 1981.

glamourösen Mode-Wahnsinnigen. Die Besitzer des Enchanted Garden, Ian Schrager und Steve Rubell, eröffneten das Studio 54 in fast derselben Atmosphäre, die sie an diesem Abend erlebten.

Das letzte große Gemeinschaftsprojekt ging von einem vielversprechenden Quartett aus: der gefeierten Moderedakteurin Anna Piaggi, Antonio, Juan und der neuen italienischen Zeitschrift *Vanity*. In der kurzen Zeit von zwei Jahren erreichte Antonios Arbeit einen Höhepunkt an Brillanz, die dem Establishment der Haute Couture Schauer über den Rücken jagte. Bedauerlicherweise hatte der Besitzer von *Vanity*, Condé Nast, eine kommerzielle Zeitschrift im Auge, und dem übersprudelnden Quell an Kreativität wurde bald der Hahn zugedreht.

1983 erfuhr Antonio von seiner Krankheit, aber seine Zeichnungen wirkten weiterhin heiter und sorglos. Er hatte sich inzwischen einen neuen, surrealistischen Stil zugelegt.

Im Januar 1987 vollendete er seine letzten Zeichnungen, eine Serie in Bleistift und Tinte.

Viele seiner Mädchen – Tina, Susan, Gabriella, Jerry, Eija und Jane –, die mit ihm in all den zirkusähnlichen Bohèmetagen zusammen gefeiert und gearbeitet hatten, kümmerten sich nun um ihn in New York und im Krankenhaus von Los Angeles.

Dank der Göttergabe seiner Kunst hat Antonio über den Tod triumphiert. Diese unsichtbare, kreative Kraft, die Antonios Hände mit ihrem bebenden Leuchten berührt haben muß, hat unser Leben verändert.

Wir alle sind die Erben seiner visionären Hinterlassenschaft.

Oben: Antonio mit Musen, Broadway Studio, New York 1977.
Unten, von links nach rechts: Paloma, Rafael und Antonio, Paris 1978.
Eugenia Sheppard, Hebe Dorsey und Christine Welton, Paris 1971.
Joy und Antonio, New York 1980.

Antonio Lopez oder
die Metamorphosen der Schönheit

Richard Martin
Antonio Tribute, F. I. T., 1987

D avid Hockney hat einmal erklärt, daß er nach dem Besuch der großen Picasso-Retrospektive 1960 in der Tate Gallery in London vor allem eines begriffen habe, daß nämlich ein einziger Künstler sehr wohl in der Lage ist, eine ganze Reihe von Stilen zu entwickeln und zu beherrschen. Das Ideal stilistischer Geschlossenheit, das einst für Künstler galt, hat in der zweiten Hälfte des 20. Jahrhunderts keine Gültigkeit mehr. Die mannigfaltigen Quellen und Stile beflügelten Antonios Phantasie und sein gestalterisches Talent auf so selbstverständliche Weise, daß uns seine Renaissance-Höflinge genauso vertraut erscheinen wie seine normalen Menschen von der Straße und seine Models der 80er Jahre. All diese Stilrichtungen existieren nicht nur nebeneinander, sie verschmelzen auch zu einer Art Synthese. Zum Beispiel Antonios Bilder von Fahrradfahrern: da gibt es die typisch scharfen Konturen der 70er Jahre, aber gleichzeitig auch diese aristokratische Grazie von Menschen in Bewegung, als würde das Tempo der Großstadt kaum einen Unterschied machen zwischen einem Radfahrer und jenen eleganten Reitern zu Pferde, mit denen Degas als erster Bewegungsabläufe am menschlichen Körper bildlich darstellte.

Antonio hat sich weder der Mode noch einer bestimmten Stilrichtung untergeordnet. Im Gegenteil, seine Kunst ist von einer derart souveränen Virtuosität, daß
er den unterschiedlichsten Stilen seinen Stempel aufprägt. Der schönste Beweis
dafür ist, daß man einen echten Antonio sofort erkennt und sein Gesamtwerk
als einen rasanten Ritt durch die Stilepochen wahrnimmt.

Anfangs erregte Antonio vor allem mit seinen kreativen Anleihen bei der Pop
Art Aufsehen, deren Elemente er in die Gattung der Modeillustration einbrachte.
Dabei hatte er eine sehr schöpferische und freie Auffassung von Kunst, die
immer in direktem Bezug zu zeitgemäßen Themen stand. Die Pop Art, die Antonios Arbeiten für die *New York Times* Mitte der 60er Jahre beeinflußte, taucht
auch in seinen späteren Werken wieder auf.

Charakteristisch für Antonios lebendigen Umgang mit der Kunst ist immer
auch dieses dynamische Verschieben von Motiven, das ihm so grandiose Stilkom-
binationen erlaubt wie Frauen, die ein bißchen aussehen wie Brenda Starr, aber
mehr noch an flämische Portraits erinnern, oder seine zu Gewändern und Gestal-
ten umgemodelten Schuhe.

Antonio war nicht nur ein Stilvirtuose, er scheute sich auch nicht, einen Stil
in einen neuen Kontext zu setzen oder die Stile zu vermischen. Auch das Phäno-
men des ständigen Stilwechsels nahm er vorweg. Aber er ging noch weiter.
Gewissermaßen als eine Vorahnung von Punk eiferte er mit seinen unruhigen
Strichen und ausgefransten Kanten der Kunst Egon Schieles nach. Was Schiele

erst kürzlich zum Helden der Ausstellung »Vienna 1900« im Museum of Modern Art machte, ist uns bereits durch unzählige Zeichnungen von Antonio vertraut, der dem Wiener Künstler längst einen festen Platz im Sensibilitätsbewußtsein der frühen 80er Jahre zugeordnet hatte, irgendwo zwischen der Avenue A und dem schmaleren österreichischen Pfad zur Psyche. Als die Künstler der 80er Jahre die Wurzeln des Surrealismus neu entdeckten, befand sich Antonio bereits in der anregenden Gesellschaft surrealistischer Denker. Transformationen und Mischungen gehörten über ein Jahrzehnt zu den wichtigen Aspekten von Antonios Arbeiten, darunter die bemerkenswerten surrealistischen Studien, die in der italienischen *Vogue* Mitte der 70er Jahre erschienen. Bereits 1966 hatte er in der *Times* surrealistische Zeichnungen veröffentlicht. Und so selbstverständlich Antonio in seinem eigenen Jahrhundert und dessen Kunst zu Hause war, so lebendig gestaltete er auch seine Beziehung zu den alten Meistern. Wir können sicher sein, daß Goyas dunkelhäutige Schönheiten hinter den von Antonio kreierten Frauen in Schwarz lauern, so wie die Anstandsdamen des 18. Jahrhunderts im Schatten über ihre aristokratischen Schützlinge gewacht haben. Entscheidend dabei ist, daß man Goya nicht unbedingt kennen muß, um die volle Inbesitznahme seines Stils für diese schwarzen Kleider und deren tiefere, magische, spirituelle Bedeutung des Schönen zu erkennen. Lucas Cranach und andere nordische Maler des Realismus waren wiederkehrende Einflüsse in Antonios Arbeiten, nicht nur, weil ihre Schilderungen so elegant waren, sondern auch wegen der genauen Zeichnung der dargestellten Charaktere. Antonio stellt Kleidung zur Schau, aber er offenbart dabei auch etwas über die Modelle und ihre psychologische Rolle. Und aus diesem Grund fühlte er sich, als es ihn zu den alten Meistern hinzog, häufig mit diesen Künstlern verwandt, die augenscheinlich über eine tiefe, persönliche Sicht ins Innere ihrer Sujets verfügten; Füßli mit seinem psychologischen Tiefgang lieferte Antonio vor allem eine Möglichkeit, die Energie des Erotizismus darzustellen, oder Ingres' detailliertes Erfassen des Individuums in Bleistiftportraits, die uns alles über den Modellsitzenden verraten, nur nicht, was er denkt. Bei Antonio findet sich dieselbe psychologische Tiefe wie bei jenen traditionellen Künstlern. Die von ihm so verehrte Kunst der Modezeichnung lag für Antonio nicht einfach nur im Zeichnen; für ihn gehörte es auch dazu, die Tiefe des Charakters auszuloten.

Selbst für seine erzählerischen Werke arbeitete Antonio mit Modellen und legte Wert auf Lebens- und Bewegungsaspekte der Figur. Das lebende Modell

Im Uhrzeigersinn von oben, von links nach rechts: Tookie, Lisa, Antonio und Janet, Melbourne, Australien 1981.
Antonio, Carnegie Hall Studio, New York 1965.
Antonio, Apartment am Blvd. Saint Germain, Paris 1972.
Antonio und Coraly, Club Sept, Paris 1972.

spielte für Antonios Strategie, seine Ideen aus dem Fundus der Kunstgeschichte zu beziehen, eine entscheidende Rolle. Denn er arbeitete nicht nach Büchern oder sonstigen Reproduktionen; die lieferten ihm nur erste Inspirationen. Vielmehr studierte und erprobte er am Modell, was er als die jeweiligen Wesenselemente eines Stils wahrgenommen hatte, und machte daraus seinen eigenen. Das heißt, nicht das Modell wird dem Stil untergeordnet, sondern der Stil überträgt sich auf das Modell. Dabei entsteht ein aufregender, wechselseitiger Austausch zwischen seinen Neufassungen vergangener Stile und dem, was er in dem Modell, das er vor Augen hat, sieht. Kürzlich meinte Antonio in einem Interview: »Ich werde immer von Menschen inspiriert. Ich liebe Menschen mehr als alles andere auf der Welt.«

Die vielen charakteristischen Merkmale des Schönen sind bei Antonio nicht auf das klassische, westliche, elitäre Schönheitsideal beschränkt. Zu seinem Ideal gehören genauso die Sinnlichkeit der »Primitiven«, asiatische Anmut, Stolz und Körpergefühl der Schwarzen, wobei in seine Figuren Attribute aus allen Zeitepochen und Kulturen einfließen. Philip Smith meinte zu Antonios Geschöpfen: »Es sind Masken aus den verschiedensten Nasen-, Lippen- und Genformen, ein Verschnitt aus allem, nicht nur dem ›White Western‹-Typus. Alle diese charakteristischen Merkmale sind zu einer Form verschmolzen, die wir durchaus als das klassische Gesicht unserer Zeit bezeichnen könnten.« Antonio hat das gängige Schönheitsklischee ebenso vermieden, wie er die Festlegung auf einen einzigen Stil ablehnte, und brachte damit mehr Schönheit und mehr intensive Schönheit hervor, als wir sie in so vielen neuen Formen entdecken wollen. Er weigerte sich, die Vorstellung von Schönheit an einem »Typus« oder einer Kategorie festzumachen, und hat auf diese Weise unseren Begriff von Schönheit erweitert. Fast scheint es so, als ob er Schönheit, der Schönheit seiner Bilder zum Trotz, für etwas hielt, das man nicht einfach vorfindet, sondern nach dem man Ausschau halten sollte – überall.

So gesehen ist Schönheit nie eine sichere, feste Größe, sondern immer ein Gegenstand der Suche – etwas, das entdeckt werden muß und niemals für selbstverständlich erachtet werden kann. Antonio nutzte seine erstaunlichen Kenntnisse der Stilgeschichte, um zu ganz neuen Aussagen über die Schönheit zu gelangen. Das war Jahrhunderte hindurch ein Mittel großer Kunst, einer Geschichte, in die Antonio jetzt und für alle Zeiten als einer der großartigen Künstler unserer Zeit eingeht.

SIXTIES

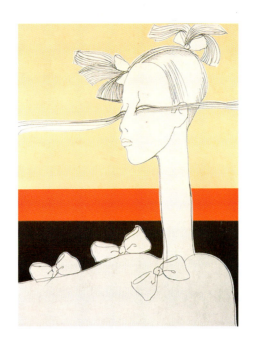

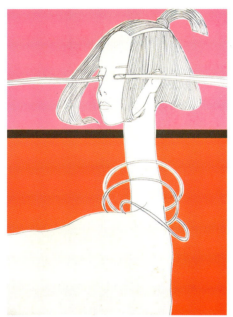

36

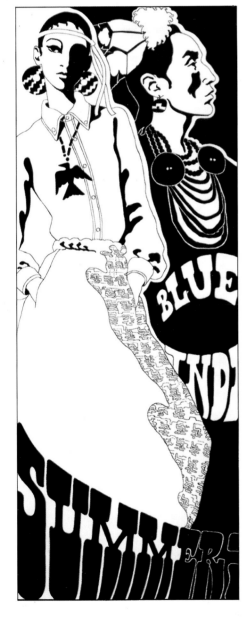

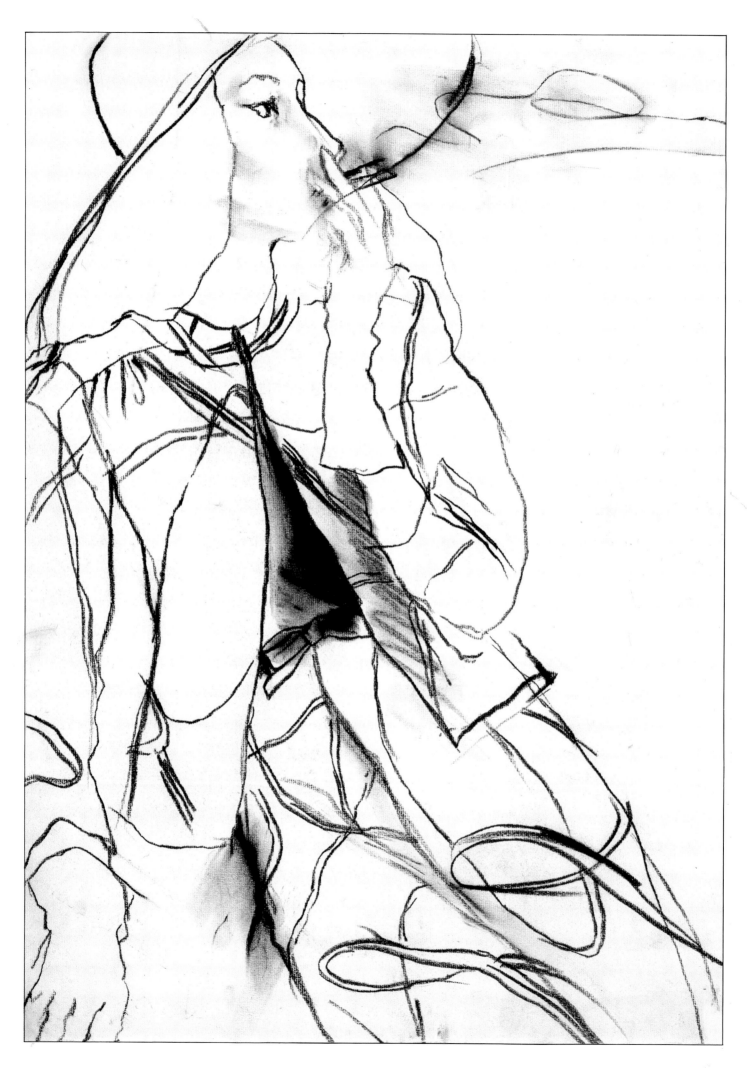

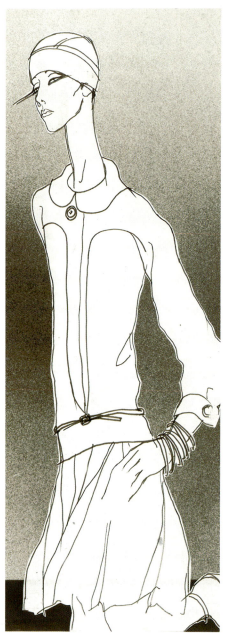

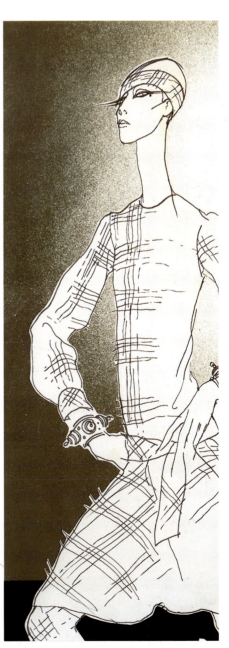

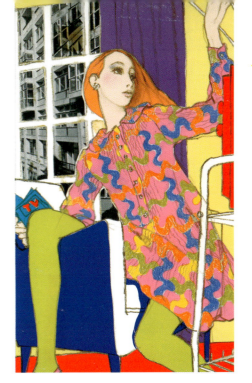

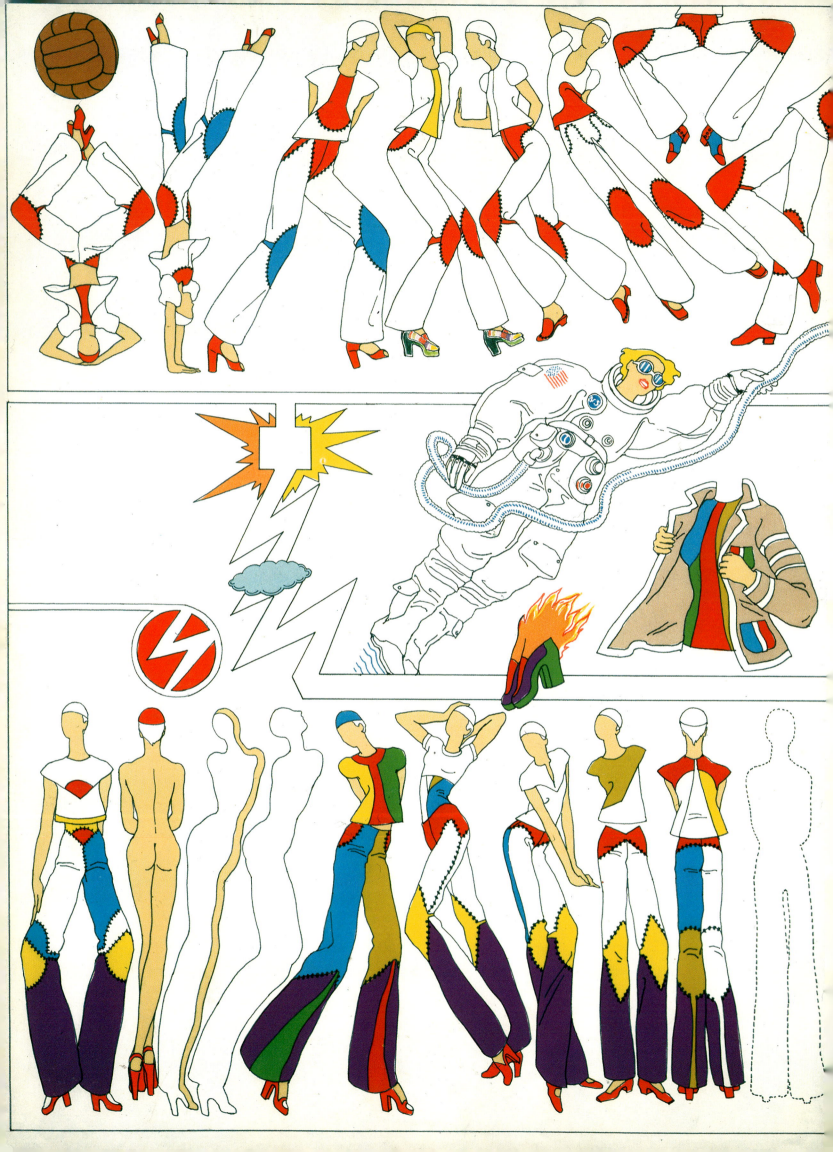

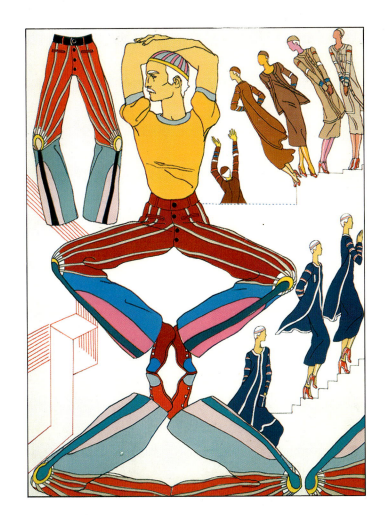

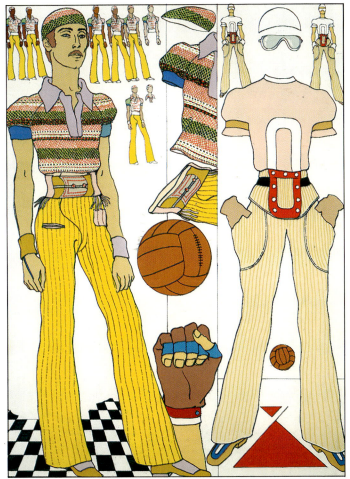

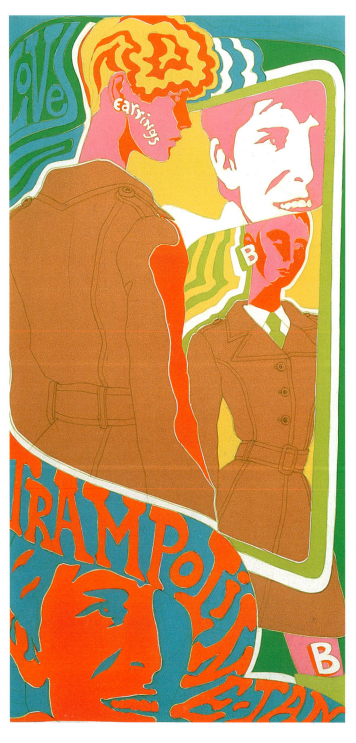

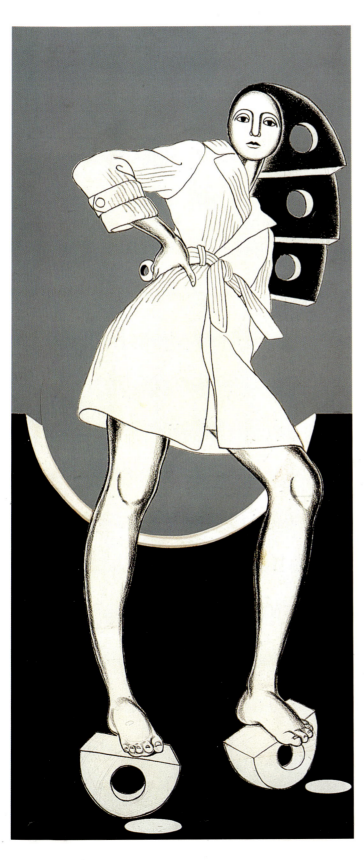

SEVENTIES

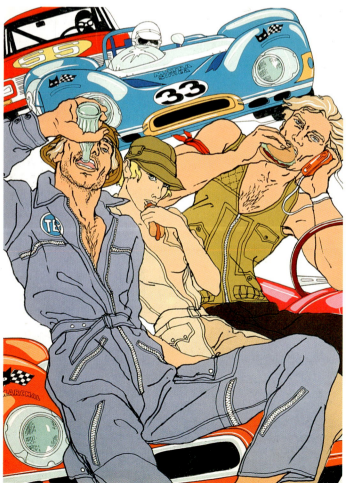

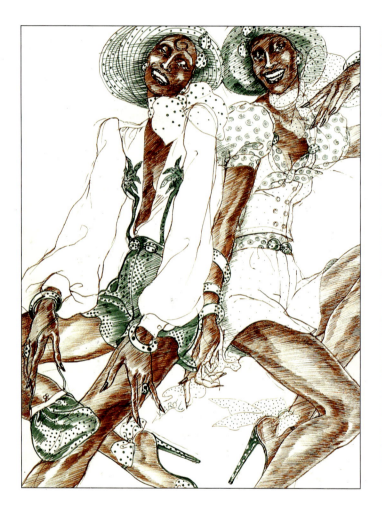

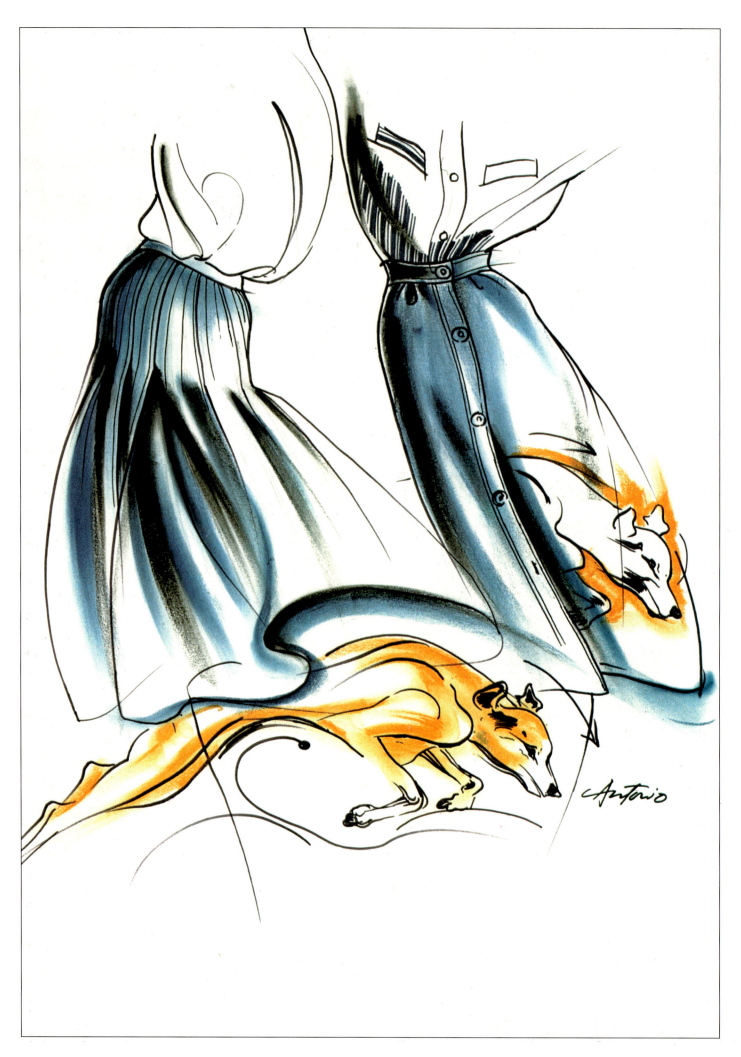

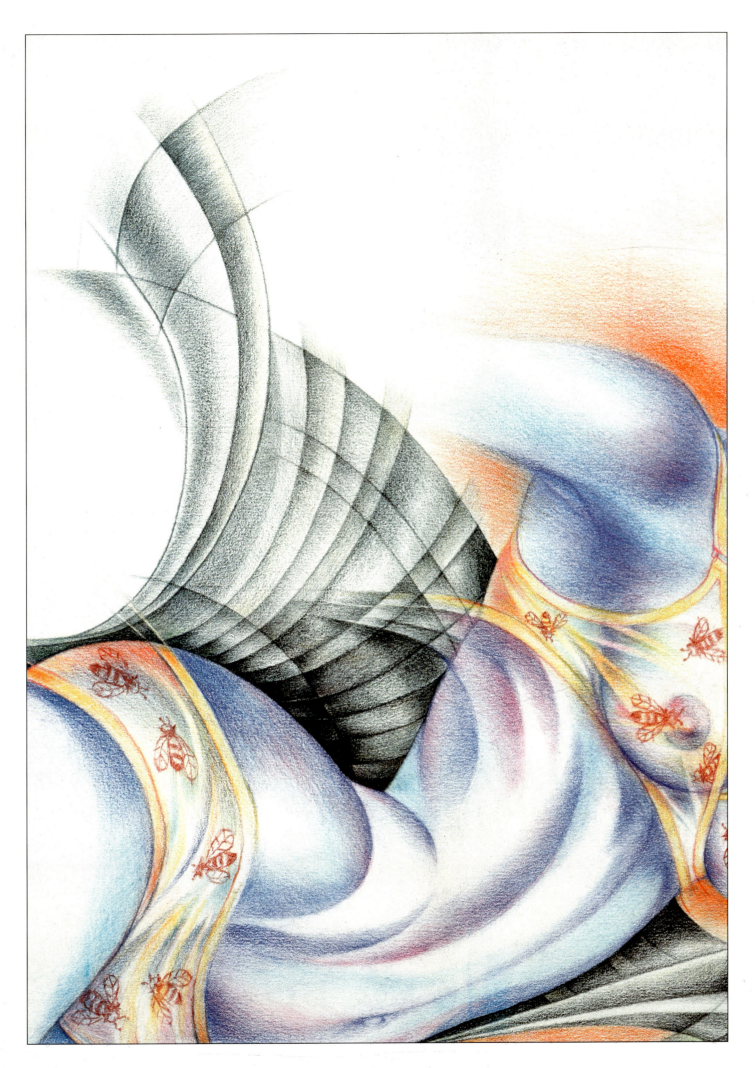

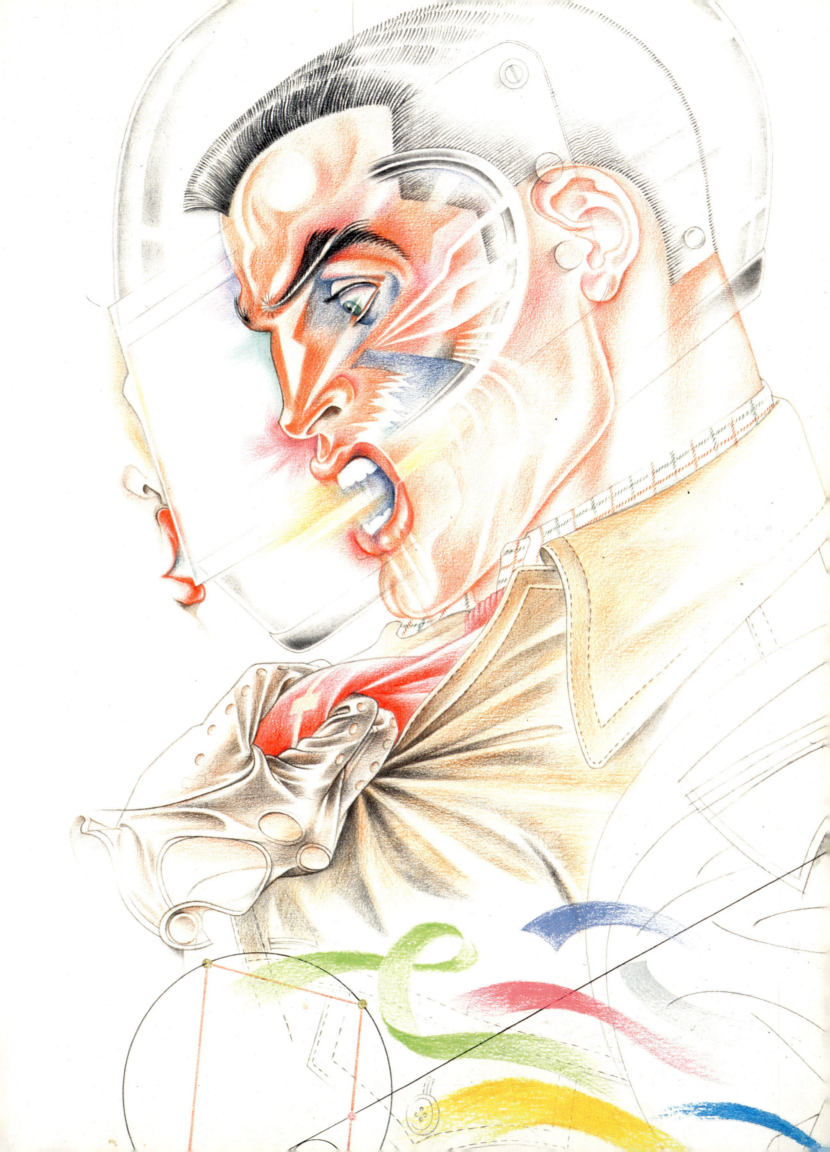

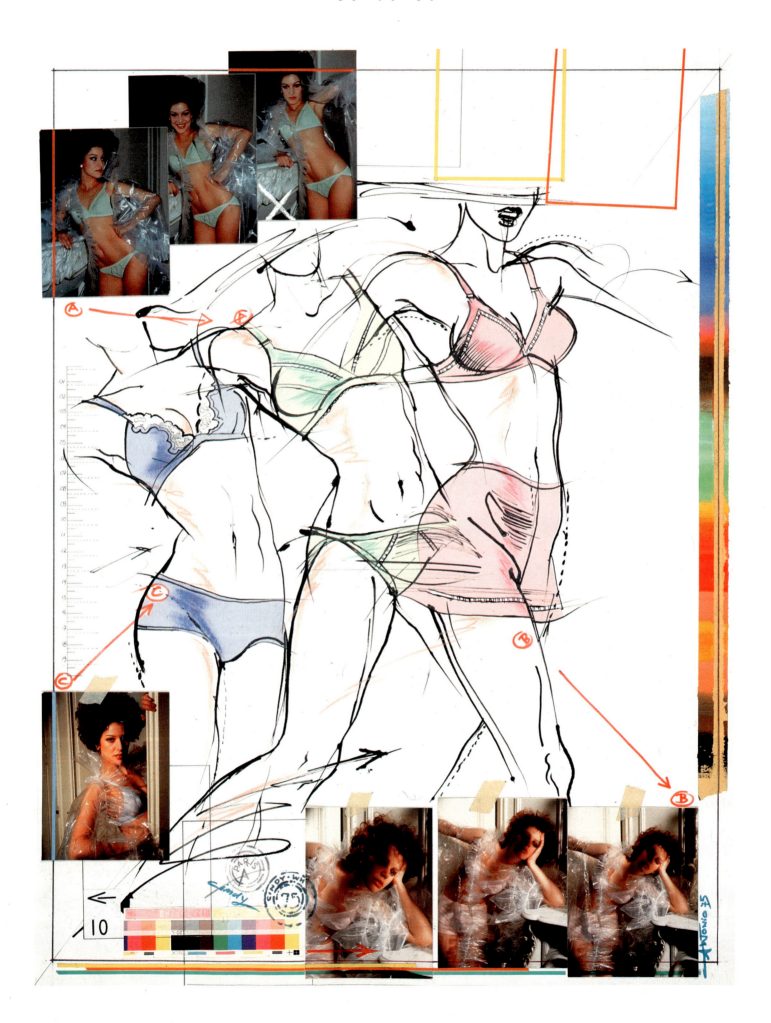

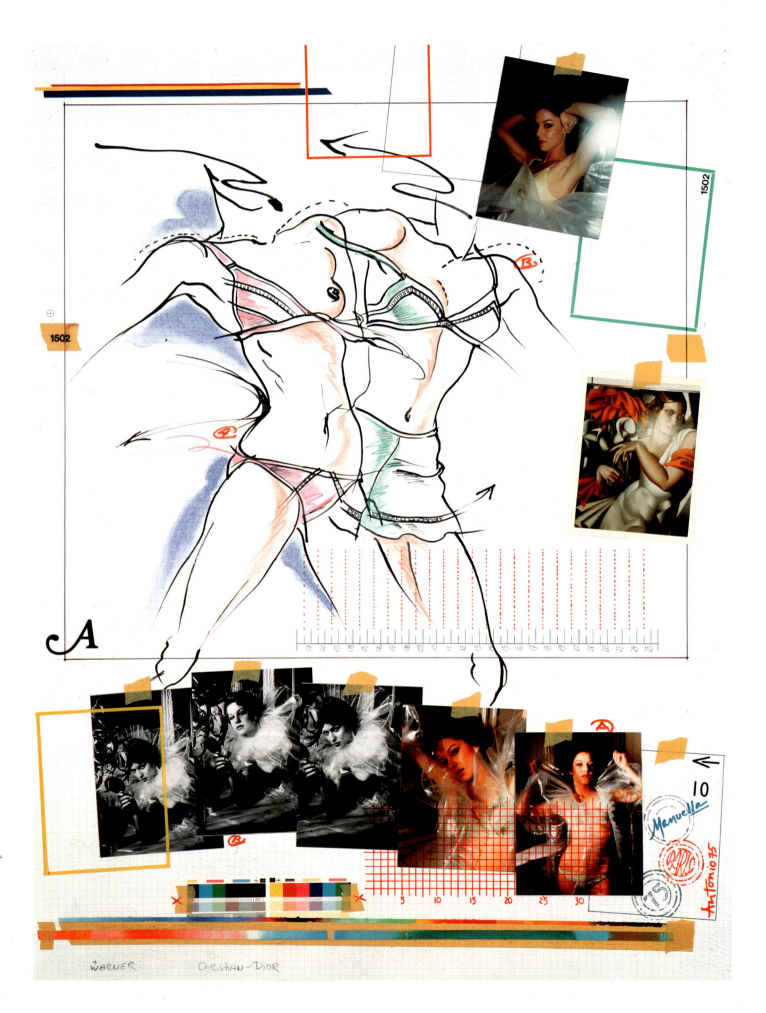

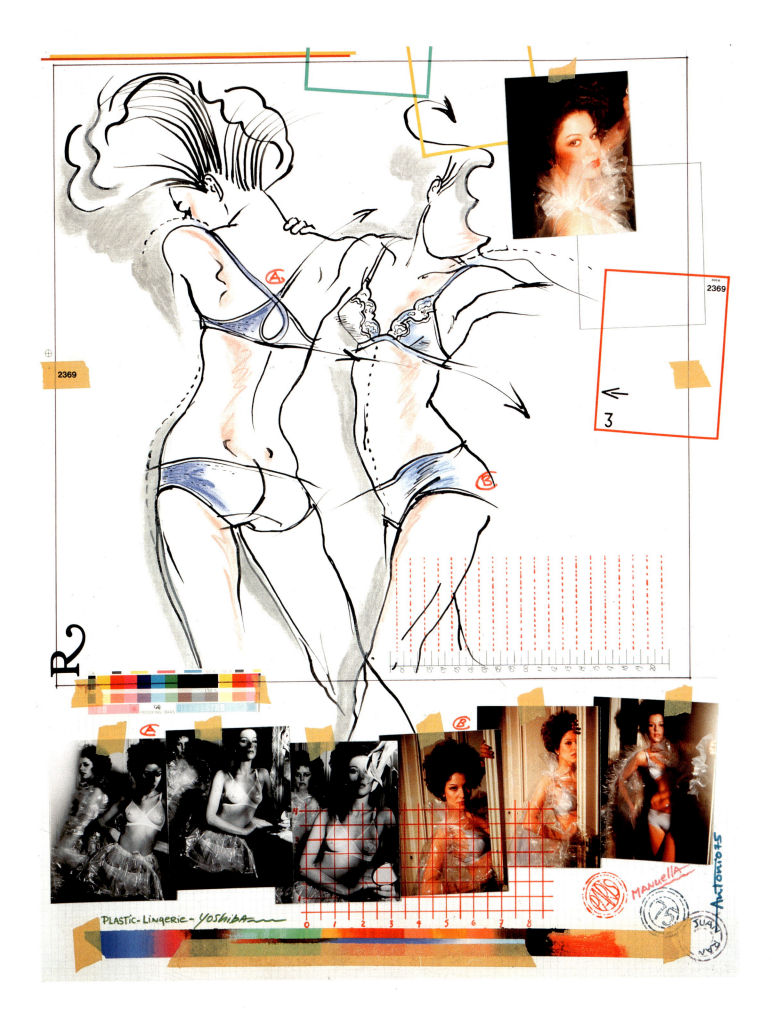

NYC

JUST MOVED TO NEW STUDIO- FROM MY WINDOW I SEE WARHOL'S FACTORY- J.P. GOUDE'S STUDIO IN THE OLD I.S. KLEIN ON THE SQUARE

3RD PHOTO PARTY- JOSIE NOVACK- JANE THORVALDSON- LILJANA D.L.B.- LARI TAYLOR- JOANNE KING- VIVIANNE C.- YETONG- VIRGINIA SHADICK- TEST SHOTS FOR BOOK- I'M WORKING ON OF MY GIRL

FOR SERIES ON EROTIC DRAWINGS.

ROUGH DRAWINGS FOR MY JAPAN EXHIBIT-

3

94

78

FROM UNION SQUARE TO HARLEM - SHADES OF THOMAS H. BENTON - REGINALD MARSH EDWARD HOPPER -

NEW YORK CITY

THE STREET A STRONG FASHION INFLUENCE

FIN ARTIST, YET TOGETHER AT EPSTEINS - FINNY - NANCY GRACE JONES - J.P. GOUDE ROBERT RADDING + ME. PHOTO COCKTAIL PARTY.

HEALTHY, IN GOOD SHADE
TO SURVIVE, STAY FIT!

PHOTO BY TAK

REGINE AT REGINE'S

49 Rue de Ponthieu

Regines International "Real Club Privé" – is the home base of Regines one woman organization

Actress-Singer –

Author-Restaurant Trice –

Birgitta Sauer

Christina de Caraman

Capitt Bradutt

And of

daughter Felice Yordan

Odile Rodin Morinho ex Rubirosa

READ="Night Lace" New Autobiography of Regine – She Tells it all –

French T.V.

Mimi +

Diane de Bauveau Chahon

with Jean Charles de Ravenel

Watching T.V. + at Thierry Boherman's Place -

LAVENTURE 4 Ave. Victor Hugo

"For the young Rich" Run by Dani who sings too – Not as loud as Regine But she's good –

Antonio 77 Paris

106

CLUB SEPT
7 Rue Saint-Anne

Claude - Fabrice's Right hand man -

Run's the show downstairs

Club 7 where you can find Yve's St Laurent, Andy Warhol, Jackie O, Diana R. Rudolf Nureyev, Sophia + Karl L. Paloma P. Helmut B. David and Gina B. and many other Vedettes

Jackson

Guy - The Best Disc Stylist in Paris

Fabrice - Esthete Proprietor of the Best place "Comme ça" in "Paris thinks Punk"

Alexico

ELOY DE LLANOS Puerto Rican Millionettes -

"Billy Hall" Show girl Par Excellence

"Michael Denard" Star of Zizi's New Show At the Opera

"Lilian Montevecchio" Folies Bergeres Answer to Casino's Zizi Jean MAIRE -

CLUB 7

"Josephine Baker" Now appearing at Bobino -

Antonio 77 PARIS

107

L'ANGE BLEU
12 Rue de MARIGNAN

L'ANGE

There is NO
Dietrich in this
Review — Just
MAE WEST,
CARMEN MIRANDA
by Pierrel,
Marilyn by
MARIE FRANCE

At the ex-
Grande Eugene'
Club-Jean
MARIE-Rivières

New Place

L'Ange Bleu

ALCAZAR

ALCAZAR
62 Rue MAZARIN

"GALIA"

"STELLA"

MARIE FRANCE

"Josephine Baker" by GALIA
Billie Halliday by Stella
+ MASTER of ceremonies
Hervé Watine

DIG-IT-BOYS
21 Rue de Vieux
Colombier
Claude MARTINI
MANAGER

PASCAL
+ GEORGE
Hell
Angel
Numbert

108

La Coupole

the Cafe in Paris

CAFE DE FLORE

Boulevard 172 Saint germain

Mme Rejane the cashier will give you your telephone tokens even if she's busy doing her CROSSWORD PUZZLE

Boulevard de Montparnasse

still a must when you visit Paris the foods good too

Susi- Paris's Private fest Hostess Caters to the Cream

Paula Marie + Jean Eudes English beauty out on the town with french society

Pablo + Delia

Latin fashion Power in Paris

MARIE CLAIRE

Fernando Sanches at Balzar Rest. owned by the same people as Lipp- Even more Rive gauche

BALZAR

Antonio 75 Paris

VIA BRAZIL

COMMERCIAL CENTER Tour Montparnasse

Jean Paul Sartre doesn't go to cafe flore anymore goes every saturday to eat lunch Via BRAZIL

Comptesse Lulu de la falaise knows everything in Paris

226 Rue de Rivoli

ANGELINA'S

that Clara Saint tells her at Angelinas

Room around the corner from Couture Tea

109

Der Mann,
der die Grenzen sprengte

Patricia Peterson
Print Magazine, Juli–August 1976

Antonio ist ein Freigeist, der Erfolg hat, weil er sich ständig verändert. »Ich bin nicht zufrieden mit mir. Immer wieder habe ich das Gefühl, mit meinen zeichnerischen Fähigkeiten an Grenzen zu stoßen.« Dieser gereizte Ausspruch eines einflußreichen Künstlers, der mit seinen explosiven Pop-Zeichnungen die Modeillustration in den 60er Jahren befreite, bedeutet einfach nur, daß er sich schon wieder mit einem seiner überraschenden Stilwechsel selbst übertreffen möchte. »Ich werde jetzt meine ganze Energie darauf konzentrieren, Zeichnungen zu machen, die sich an den schönen Künsten orientieren.«

Antonios Gabe, neue Trends zu erfinden und sie einfach links liegenzulassen, sobald sie zur Mode werden, neue Richtungen zu erforschen, die den Betrachter aufrütteln, ist sein besonderes Talent. Er weiß, daß eine neue Idee nicht so leicht zu begreifen und noch schwerer zu verkaufen ist, deshalb sucht er nach dem berühmten Schwachpunkt, an dem er mit seinen Innovationen ansetzen kann. Er stellt sich für seine Modeillustrationen einen unabhängigen Lebensstil und Frauentypus vor, und schon sprühen seine Arbeiten nur so vor Energie. »Jede Saison versuche ich eine neue Technik zu kreieren – eine neue Frau. Wenn man

etwas um der Veränderung willen verändert, dann muß man damit auch eine Aussage wagen. Weil die nicht von alleine kommt.«

Antonio und sein Partner Juan Ramos bilden zusammen eine einzigartige, auf gegenseitiger Unterstützung beruhende Arbeitsgemeinschaft. Beide sind Junggesellen und weigern sich, Termindruck oder Sachzwänge anzuerkennen. Das Freiheitsgefühl dieser zigeunerhaften »Auf und davon«-Atmosphäre ist Teil ihrer Routine wie für die Pendler aus der Vorstadt der erste Morgenzug.

Das New Yorker Studio, sowohl Büro als auch Wohnung, ist ein gastfreundliches, offenes Haus. Den ganzen Tag über und bis in die Nacht hinein strömen unablässig Freunde und Modelle herein. Juan überwacht das Kommen und Gehen, wenn sie einen Auftrag haben, aber nichtsdestotrotz wimmelt es im Studio von Gästen, während Antonio inmitten des Stimmengewirrs unbeirrt weiterplaudert und zeichnet.

Antonio ist eine unverbesserliche Nachteule, er trinkt nicht, raucht nicht, geht nicht auf Parties, aber vor drei Uhr morgens kommt er selten ins Bett. Ein normaler Tag beginnt mittags um zwölf nach einem ausgedehnten Frühstück im nahegelegenen Kaffeehaus. Die meisten der eingeweihten Besucher kennen die ungeschriebenen Gesetze und tauchen erst am frühen Nachmittag auf. Etwa um diese Zeit werden von einem Delikateßladen Brötchen geliefert und an alle verteilt, die gerade anwesend sind. Bis zehn Uhr abends wird gearbeitet und »herumgetrödelt«. Danach findet das Abendessen statt, zu Hause oder außerhalb, allein oder mit einer Clique.

Manchmal kehrt in das Studio sogar Ruhe ein, aber nur, weil sich die Stimmung des Tages verändert hat und die Bewohner ausgegangen sind. Dann kundschaften sie die Welt aus wie zwei Pfadfinder mit Adleraugen. Ob sie nun zum Einkaufen gehen, von einem Museum zum anderen wandern oder sich einfach nur umsehen – sie nehmen es leicht, sind aber mit hingebungsvollem Engagement bei der Sache. Das Straßenleben ist Antonios größte Inspirationsquelle: »Juan und ich tauschen unsere Beobachtungen und Ideen aus«, meint er, »es gibt keine Regeln. Oft ist es Juan, der die Dinge klar bis ins Innere erfaßt und mich in die richtige Richtung dirigiert. All die Jahre über ist er meine Stütze gewesen, selbst dann, wenn er mich niedergemacht hat.«

Ein Auftrag zwingt das Duo, aktiv zu werden. Nachdem sich Antonio nicht mit früheren Ideen oder einem früheren Stil zufriedengibt, ist die Zeit vor dem Abgabetermin eine äußerst kritische. Der Art Director oder Redakteur, der um seines Friedens willen wissen möchte, was abläuft, wird es nicht erfahren, weil Antonio es selbst nicht weiß. Die Ausarbeitung und das Festlegen einer Idee, das entspre-

The Flapper Frugs

By PATRICIA PETERSON

The flapper's slip of a dress has proved as functional for the frug as it was for the Charleston. The young crowd first discovered it in old trunks and in thrift shops. Norman Norell gave it status when he showed it in his fall collection last July. Now there is a flood of flapper-hem dresses for today's flapper whose taste may be impeccably Norell, but whose funds are usually limited.

From left to right:
Greige crepe for a limber body has a flourish of flounces at the hem. Mr. Mort. $50. Young New Yorker, 6th floor, Lord & Taylor. October.

Broad blue bands are a today touch on green satin, low-belted dress. Mr. Mort. $40. Little Shop, 3d floor, Macy's. Late next month.

Mulberry moiré dress could be from grandma's attic. Leo Narducci for Guy D. $75. Misses Moderate Dresses, 3d floor, Bloomingdale's. Next week.

Dancing "tennis dress" in blue crepe has long torso and short pleated skirt. Loomtogs. $25. Separates, 3d floor, Altman's. October.

Rhinestones glitter on shoulder of black wool low-flounce dress. Frank Adams for Jr. Accent $45. Young Elite, 7th floor, Saks Fifth Avenue.

Point d'esprit gives spidery look to party dress with unclenish neckline. $45. Mr. Mort. Junior Better Dresses, 4th floor, Abraham & Straus. October.

A curtain of silver beads hangs from hips of gray silk chiffon dress. Eloise Curtis for David Styne. 7th floor, Saks Fifth Avenue. November.

Chiffon in a garden party print ends in a triple flounce. Stanley Herman for Mr. Mort. $60. Junior dresses, 7th floor Bonwit's. October.

Feathers flirt at the hem of green crepe dress, simply scooped. Junior Sophisticates. $90. Young Bendel, 4th floor, Henri Bendel. November.

Antonio

SEPTEMBER 19, 1965   105

(Continued on Page 107)

Oben, von links nach rechts: Juan, Harriet Cain, Model, Pat Peterson, Antonio und Alan Dahl, New York 1967.
Pierre, Cathee und Antonio, New York 1966.
Unten: New York Times, 1965.

chende Medium, das Modell (er zeichnet nur nach lebenden Modellen) erfordert manchmal wochenlanges Überlegen. Wenn dann der Augenblick gekommen ist, wo sich beide instinktiv sicher sind, geht die aktive Arbeit los. Ein plötzlicher Wirbelsturm fegt über den Zeichentisch und durch das gesamte Studio und befördert alles, scheinbar über Nacht, in eine einzige konzentrierte, fertige Zeichnung.

Wie hat dieses Team angefangen? Antonio wurde in Puerto Rico geboren und als kleiner Junge in eine Mietskaserne in El Barrio verpflanzt, wo die Straße zu seiner Schule der Ästhetik wurde. Später schrieb er sich am Fashion Institute of Technology ein, wo er Juan, einen Design-Studenten, kennenlernte. Mit neunzehn verließ Antonio die Schule und schloß sich dem Team von *Women's Wear Daily* an. Er meint dazu: »Ich wollte Mode illustrieren, und das konnte ich bei *WWD* am besten.« Nach vier Monaten kündigte er, nahm einen Auftrag von der *New York Times* an und startete hier, praktisch als Nebenjob, ein Projekt, das in den kommenden Jahren das Tempo der Modezeichnung verändern sollte.

Damals waren Antonios Zeichnungen noch konventioneller, mit Conté-Kreide, Spritztechnik oder Tinte sensibel ausgeführt. Neu an ihnen war, daß er auch ethnische Modelle einführte (Freunde und Studenten des F.I.T.), die in den Haute Couture-Zeichnungen normalerweise nicht vorkamen.

Aber erst 1965 schaffte Antonio den wirklich großen, wirklich sensationellen Durchbruch, als die Pop Art zum Kern seiner Modezeichnungen wurde. Das war ein Bruch mit der herkömmlichen Ehrfurcht vor der Eleganz. Der graphische Eindruck wurde durch bekannte Popelemente – Raketen, Filmszenen, Photographie und Sprechblasen – noch gesteigert. Die Modelle waren jünger, freier, viele schienen Cousinen zweiten Grades der Mädchen aus den Comic strips zu sein, aber sie waren immer noch so hochgewachsen und schlank, wie es in den Haute Couture-Zeichnungen üblich war. Antonio konnte damit sein großartiges Gespür für Timing und Stil unter Beweis stellen. Es waren die jugendorientierten 60er Jahre, und es war an der Zeit, das verknöcherte Korsett der Haute Couture zu durchbrechen.

Ein Jahr später setzte Antonio den Maßstab für seine zukünftige Wandlungsfähigkeit. Er machte eine Kehrtwendung und bezog seine Inspirationen jetzt aus den schönen Künsten. Die von Léger inspirierten Zeichnungen aus dieser Periode sind umwerfend. Die Frauen sind graziös, aber monumental, ihre Konturen kühn umrissen, ihre Gliedmaßen fest und massiv. Groß, mit strammen Oberschenkeln und aus leicht verzerrter Untersicht gesehen, verkörperten sie die verwegenste Antwort auf die gerade beginnende Mini-Mode. Der Blickwinkel, den Antonio für seine Frauen gewählt hatte, hob sie vom Boden ab, was gleichzeitig auch seiner persönlichen Vorliebe für hohe Absätze und Plateauschuhe entsprach, die noch nicht in Mode, aber schon im Kommen waren.

Ungefähr zur selben Zeit entstanden Antonios erste Zeichnungen von Kindern, in denen er das blonde, blauäugige, zuckersüße Püppchen, das die Allgemeinheit liebte, durch Farbige jeder Nationalität und kleine, sexy Mädchen ersetzte. Ab sofort änderte sich der Illustrationsstil für Kindermode spürbar und für alle Zeiten. 1967 brach Antonio bewußt mit seinem Lebensstil, um seine Aufmerksamkeit auf eine neue Mode und soziale Veränderungen, die er voraussah, konzentrieren zu können. Er verließ das sachliche, helle, weitläufige Studio und quartierte sich in einem kleinen Hotel ein. Diese undefinierbare, unpersönliche Atmosphäre hatte auf ihn genau den Einfluß, den er sich erhofft hatte. Die Mädchen, die er dabei zeichnete, wie sie sich in dem prosaischen Mobilar locker und entspannt bewegten, bekamen etwas von den sprichwörtlichen »Mädchen von nebenan«. Normalität – er spürte, wohin sich die Mode veränderte – wurde zu einer zeichnerischen Realität.

Wenig später folgte Antonios Reaktion auf die enorm populäre Psychedelic-Acid-Kunst aus Kalifornien, und so schnell, wie man einen Lichtschalter bedient, begriff er deren volles Potential. Eine Modebeilage der *New York Times* war fällig, und unter dem Druck des Abgabetermins kam ihm die Stilvariante des *girl next door* ziemlich fade vor. Über Nacht ließ er sie fallen und ersetzte sie durch Zeichnungen von lebensprühenden Mädchen mit Augen wie Feuerrädern, die er in wilde, poster-ähnliche Szenerien plazierte. Einmal auf dem Weg, ging er mutig einen Schritt weiter und verherrlichte die amerikanischen Indianer. Das rüttelte die Szene endgültig wach.

Ende der 60er Jahre war Antonio der unbestrittene Meister der Modezeichnung. Aber er war ruhelos. Inzwischen war sein Ruhm bis nach Europa gedrungen, und von dort kamen Aufträge per Ferngespräch von *Elle* und der britischen *Vogue*. Seine kleinen Arbeiten fürs Ausland bestätigen ihm, daß die Zeit reif war: Antonio brauchte nicht nur eine Abwechslung, sondern auch eine Verschnaufpause. Immer der Zeit voraus sein zu müssen, hatte ihn erschöpft. Es war eine notwendige Entscheidung, und bis zum Ende des Jahrzehnts hatten Juan und er ihre New Yorker Zelte abgebrochen und waren nach Paris gezogen.

Antonio tankte in Europa auf, und das Resultat war eine Reihe wichtiger Mappen. Er legte die Pop Art-Serie, die in den Staaten entstanden war, neu auf, allerdings mit etlichen entscheidenden Unterschieden. Das Comic strip-Mädchen ersetzte er durch eine sportliche, vor Gesundheit strotzende junge Frau, die einen Zahn zugelegt hatte und auf einem chromblinkenden Motorrad durchs Leben brauste, eine getönte Fliegerbrille vor den verwegen funkelnden Augen. Antonio hatte sie vor seiner Abreise in New York gesehen, salopp, aber gestylt in Armee/

Oben: Antonio,
Studio Rue du Val de
Grâce, Paris 1968.
Unten: Juan, Cathee
und Antonio,
Carnegie Hall Studio,
New York 1967.

Marine-Klamotten. Er verpaßte diesem Village-Girl eine Prise Glamour und wurde damit in Europa zum letzten Schrei. Designer, Redakteure und Werbeleute liebten das Antonio-Mädchen, das in amerikanischem Khaki daherkommt.

Nach diesem zeichnerischen Feuerwerk kühlte Antonio, wie nicht anders zu erwarten, seinen Stil wieder ab. Er schwankte zwischen Pop und Realismus hin und her, und als die Welle des Neorealismus höher schlug, bereicherte er seine realistischen Zeichnungen um Details. Allerdings bestand Juan darauf, daß er nicht die gängige Spritztechnik verwendete. Statt dessen ließ sich Antonio etwas anderes für seine neue Botschaft einfallen: er nahm Verkäuferinnen und Büroangestellte, von denen viele zu dick waren, als Modelle. Nur Antonio konnte es wagen, eine Körperlichkeit zu popularisieren, die man in den überkandidelten Modekreisen für unentschuldbar hielt, und nur Antonio wurde das verziehen.

Als Antonio sich in Europa aufhielt, wurde er zum Liebling der Japaner. Sein überschwenglicher Empfang dort war das Ergebnis zahlreicher, in Japan publizierter und in der Ferne ausgeführter Zeichnungen. Jedenfalls entwickelte sich seine erste offizielle Reise, die er aufgrund einer verlockenden Retrospektive seiner Arbeiten unternahm, zu etwas, was er sich nicht hätte träumen lassen. Antonio und Juan sind ziemlich bescheidene Menschen, und ihr überwältigender Empfang mit laufenden Fernsehkameras, mit Blumen und einer Menschenmenge am Flughafen, dem reihenweise Einladungen für persönliche Auftritte, Vorlesungen und Aufträge folgten, war mehr, als sie erwartet hatten.

Trotz alledem wurde Antonios schneller Stil, den er selbst als »konzeptionell« bezeichnet, nicht in Japan, sondern 1975 in Paris geboren, und er drehte sich um Antonios neuentdecktes Spielzeug, eine Instamatic-Kamera. Antonio war von der Kamera so besessen, daß er zeitweise das Zeichnen zugunsten der Photographie aufgab. Er hortete eine riesige Sammlung von farbigen Schnappschüssen über Gott und die Welt in der Modebranche und seine bevorzugten Objekte, die Leute auf der Straße. Er kombinierte diese Photos mit Zeichnungen, Symbolen, Stoffteilchen und Papierstreifen zu lebendigen Kompositionen, die seine Leidenschaft für die Menschen und das Leben in sich vereinten. Diese neue Richtung war vielleicht die Schubkraft, die er nötig hatte, um nach New York zurückzukehren, wo das Studio aufs neue vor Aktivität zu vibrieren begann.

Heute ist für Antonio das Zeichnen wieder wichtiger denn je. Es ist ja doch das Medium, das ihn am meisten frustriert und am meisten interessiert. »Ich zerbreche mir nicht mehr den Kopf über eine unfertige Zeichnung«, meint er, »es gibt keinen Grund, eine Zeichnung fertigzustellen, oder? Die Kunst und das Zeichnen sind das einzige Ziel.« Sind wir etwa auf dem Weg zu Antonios nächstem Stil-Ausbruch?

Vordere Reihe von links nach rechts: André, Leonard, Nancy und Antonio; Mitte: Joey Arias, Anita, Xavier Moreau, Zoli, Roxanne, Steve Rubell, Edita, Nao und Charles; oben: Delia Doherty, Union Square Studio, New York 1979.
Ganz rechts: Pat und Antonio, New York 1981.

Antonio Lopez:
Image als Stil

Philip Smith
Art Magazine, Juni 1980

Für Antonio Lopez sind Mode, Kunst und Leben untrennbar. Diese drei Aktivitäten sind ausschließlich auf ein einziges Ziel ausgerichtet – das Erlangen und Erschaffen von Schönheit. Jahrelang hat die Modebranche Antonios Talent genutzt, um jene Haltung, die wir annehmen, wenn wir uns durch einen neuen Stil verändern, aufzuspüren und darzustellen.

In gewisser Weise haben seine Zeichnungen wenig mit der Präsentation von Kleidern zu tun. Schon eher scheinen eine Robe, ein Anzug, eine Jacke nur den neutralen Rahmen für seine malerischen Anspielungen auf unsere Zeit und Umgebung abzugeben. Es ist das Detail, das ihnen Magie verleiht. Das phantasievoll gestaltete Haar, die symbolischen Accessoires, die übertriebenen Gesten und raffinierten Ornamente haben uns allesamt ihre eigenen Geschichten zu erzählen. Er beschreibt mit seinen Zeichnungen nicht einfach nur Kleidung, sondern ein Daseinsgefühl, das aus einer bestimmten Art zu leben und die Dinge zu betrachten resultiert. Die Bilder wirken eher wie eine Ikonographie der Gesellschaft denn als Werbung. Die Japaner haben Antonios Arbeiten unendlich lang studiert, sie als eine Landkarte der amerikanischen Kultur begriffen und dabei den gesellschaftlichen Code dechiffriert, den man in den Augen, der Nase, dem Haar, der Pose und der Bewegung ausmachen kann.

Aber meist handeln seine Zeichnungen von der vergänglichsten aller Eigenschaften, der Schönheit: von wahrer Schönheit und den modernen Formen, die sie annimmt. Es ist eine zwar gründlich romantisierte, aber neue Form der Schönheit – eine fast universelle Schönheit –, eine zeitlose Schönheit, die diesen Gesichtern und Kleidern der 70er und 80er Jahre innewohnt. Rückblickend wird man auf diese Portraits zurückgreifen, weil es Dokumente jener extremen Formen der Schönheit sind, die uns vorschwebten. Rückblicke auf die Wandmalereien in unserem Tempel der Venus.

Antonio durchforstet die Vergangenheit nach Eigenschaften und Anzeichen einer zeitlosen Schönheit, die uns dabei helfen sollen, eine Vorstellung von uns und unserem Aussehen zu bekommen. »Meine Inspirationen ändern sich täglich. Heute ist es Leonardo da Vinci. Gestern waren es die elisabethanischen Kostüme und davor irgendein Typ und was er beim Sport getragen hat. Wenn ich Ideen vergangener Epochen benutze, hat das nichts mit Rückgriffen auf einen bestimmten Stil oder Look zu tun. Es forciert einfach nur den Modernismus in irgendeine andere Richtung. Macht ihn bedeutender, als er eigentlich ist.«

Was Antonio zeichnet, das sind Inspirationen, die ihm das Leben liefert. Er bemerkt etwas auf der Straße: die Art, wie ein Mann seine Ärmel hochrollt, eine neue, nachlässige oder besonders aufrechte Haltung im Gang einer Frau, neue Schuhe, alte Schuhe, weiße Schuhe, flache Schuhe – Antonio entgeht nichts. Und für ihn bekommt alles eine neue Bedeutung. Eine Art sich zu kleiden oder eine andere Farbe kann bei ihm Vorstellungen von orientalischen Madonnen, Mischlings-Mona Lisas oder Renaissance-Gören auslösen.

Alles in der wirklichen Welt des Anziehens und des Ausstaffierens, der Bewegung und Haltung, egal wie normal oder grandios es ist, wird für Antonio zu
einem signifikanten, kulturellen Artefakt – oft bis ins Extrem übertrieben, bis zu
dem Punkt, wo aus Muscheln Hüte werden, Schuhe Architektur verkörpern und
eine Begrüßungsgeste zur sublimsten aller Verführungen wird. Es ist eine bestän-
dige Verwandlung, eine Veränderung der Formen, um das Schöne schneller loka-
lisieren und identifizieren zu können, damit wir immer wieder aufs neue mit
noch einer neuen Möglichkeit, durch das Leben zu gehen, konfrontiert werden.

Der Körper wird zur Skulptur, die Mode zur Kunst, und Antonios Gesichter werden zu seinen Geheimquellen einer demokratisierten Schönheit. Niemals sind
seine Gesichter auf das derzeitige westliche Schönheitsbild beschränkt, im
Gegenteil, es sind Masken aus den verschiedensten Nasen-, Lippen- und Genformen, ein Verschnitt aus allem, nicht nur dem »White Western«-Typus. Alle diese
charakteristischen Merkmale sind zu einer Form verschmolzen, die wir durchaus
als das klassische Gesicht unserer Zeit bezeichnen können.

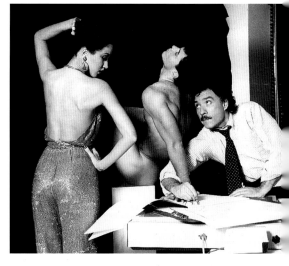

Weil Antonio so sensibel auf den Wandel von Ideen und Stimmungen reagiert,
verändert sich auch sein Stil von einer Minute zur nächsten. Sanfte Renaissance,
minimalistische Geometrie, knallharter oder geknebelter Realismus werden allesamt abwechselnd verwendet. Jede Arbeitsphase wird durch die vermittelten
Gefühle charakterisiert. Es sind gesellschaftliche, kollektive Gefühle, eben keine
persönlichen, privaten. Laut oder leise, reflektiv oder exhibitionistisch, hilflos oder
einfallsreich, immer scheinen uns diese Bilder auf ein neues Entwicklungslevel
zu bringen. Seine Figuren sind Portraits von Totems der Prophezeiung, ein be-
wußtes Wahrnehmen unserer kommenden Stimmungen, von etwas, das wir im
Begriff sind zu werden. Diese Vorzeichen, ausgedrückt durch Kleidung und
Gesten, sind eine Art Barometer, an dem wir die wirklich grundsätzlichen Vorstellungen, die jeden Bereich unserer Gesellschaft entscheidend beeinflussen werden, ablesen können. Es ist diese intuitiv erahnte Stimmung, die auf uns alle
zukommt und unser Lachen, Essen, unsere Bewegungen und unseren Schlaf verändern werden.

Als Antonio Anfang der 70er Jahre spürte, daß eine neue Generation anrückte,
zog er sein Tempo an. Die Zeichnungen verkörperten Beschleunigung. Orkane
tobten durch unsere Kultur, versetzten uns aus einer dümmlichen und dumpfen

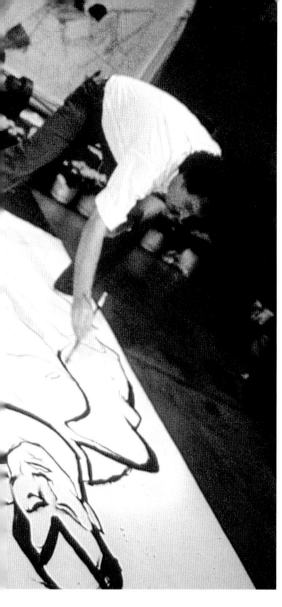

Modernität mitten in den Olymp der Nacht. Rasiermesserscharfe Motorrad-Jungs, in Metall und Leder gezwängt, verkündeten die Wiederkehr des Großstadt-Dschungels. Ganze Stämme von Laser-Männern und Leoparden-Frauen nahmen an modernen Ritualen teil, die all das feiern, was nächtens funkelt. Die Kultur bewegt sich als dunkle Silhouette durch den Schatten. Während dieser (rückblickend gesehen) phänomenal explosiven Zeit, in der jeder darauf wartete, daß etwas geschieht, dokumentierte Antonio, was heute und morgen geschieht. Er ließ knallharte Bilder von Frauen-Gangs und männlichen Ghetto-Göttern auf uns los, die unsere volle Aufmerksamkeit beanspruchten. Die Zeichnungen waren auf unterschwellige Weise skandalös, und man fragt sich, wie konnte Antonio das alles erahnen und durchsetzen?

Nach der Herbheit und Power dieser Straßenkinder mit ihrem anatomischen Stolz wandte er sich vom Trümmerlook ab. Er mußte es einfach. Die Geschehnisse der Nacht hatten uns vernebelt. Sie hatten von unseren Seelen Besitz ergriffen.

Und aus heiterem Himmel produzierte Antonio eine geradezu schockierende Sanftheit, in der Hoffnung, daß der Betrachter wieder zur Besinnung kommen würde. Die Radios waren zu laut geworden, die Tänze zu stürmisch. Aus Blitzlichtern waren Schlitzmesser geworden. »Zu heiß« war kein Aufschrei der Hemmungslosigkeit mehr – es war inzwischen die schlichte Feststellung von Tatsachen.

Wie das kräftige Durchatmen nach schweren Wettern die Sinne kühlt, so verklärt der Altweibersommer den Blick. Der Zorn läßt nach. Aus Panthern werden Kätzchen. Die Stimmung gleicht der des Wiederaufbaus nach Kriegen. Antonio verbeugt sich vor Chirico, Mexicana, Modigliani, den zurückhaltenden Florentinerinnen und dem ausladenden Barock. Es ist eine reichhaltigere Sicht, die durch die Möglichkeiten heranreift. Mit dem alchemistischen Mischen der Jahrhunderte erschafft Antonio einen neuen Look, in dem wir keine Soldaten der Zukunft mehr sind, sondern sanfte Seelen, die sich als Kinder in unserem ureigenen Paradies wiederfinden. Und natürlich paßt diese Vorstellung genau in die Zeit.

Jetzt, wo wir in die spektakulärste Epoche unserer Zeit eintreten, wird uns Antonios Arbeit weiterhin als Kompaß für Geist und Stil dienen. Es ist seine und unser aller Hoffnung, daß wir in einen sicheren, wunderschönen Hafen einlaufen.

*Im Uhrzeigersinn von oben: Pasadena, Kalifornien 1983.
New York City 1980.
Nancy und Antonio, Union Square Studio, New York.
Pat, Scott und Antonio, New York 1981.*

EIGHTIES

134

147

149

153

154

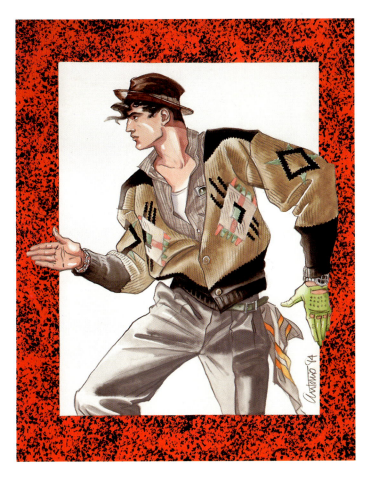

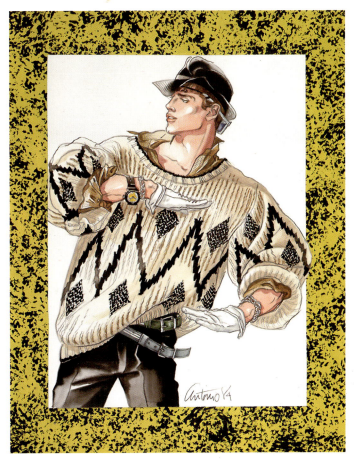

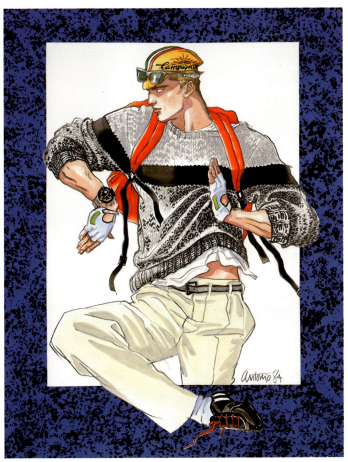

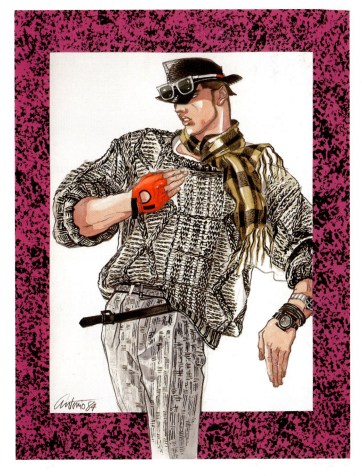

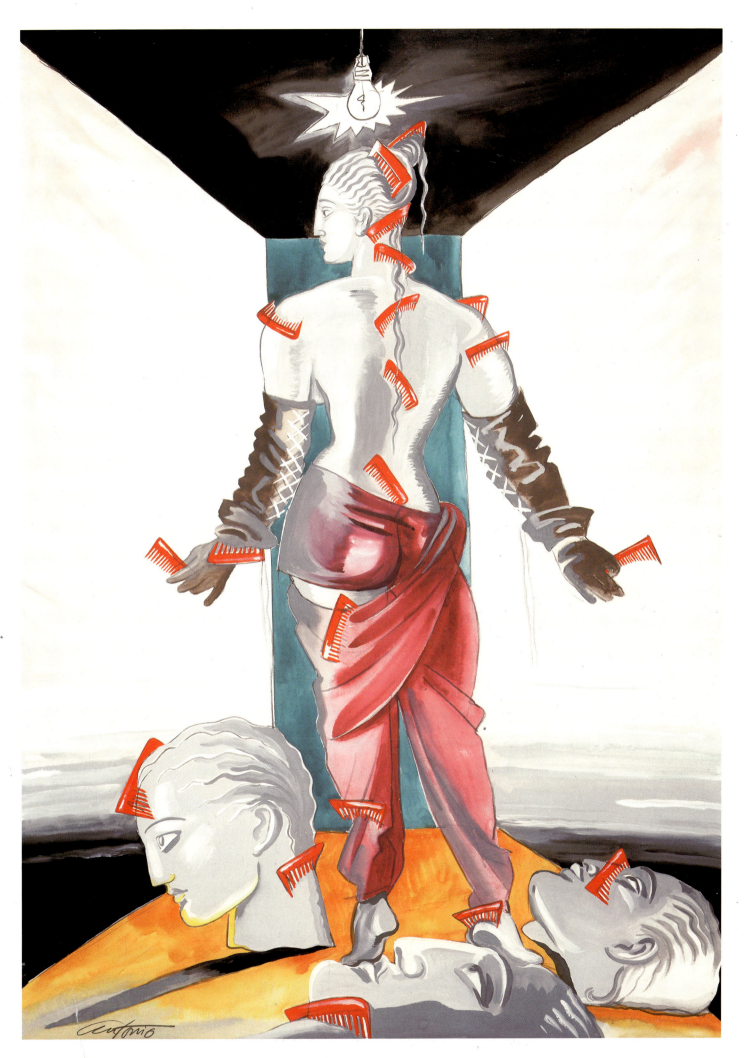

181

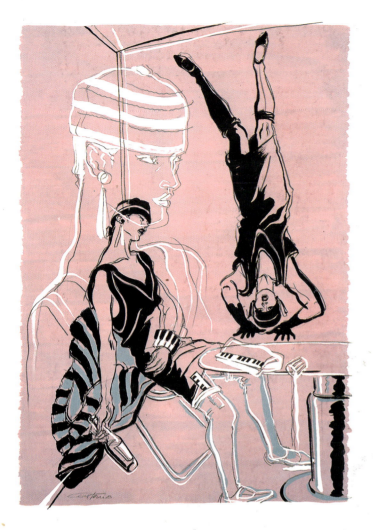

189

191

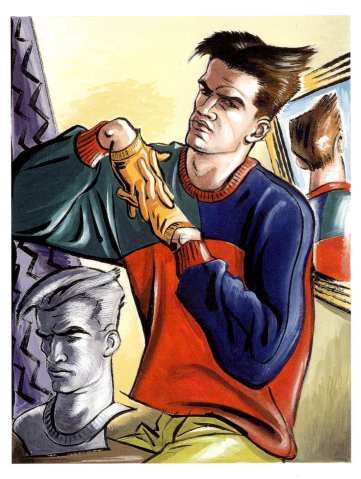

ANTONIO
60 · 70 · 80

196

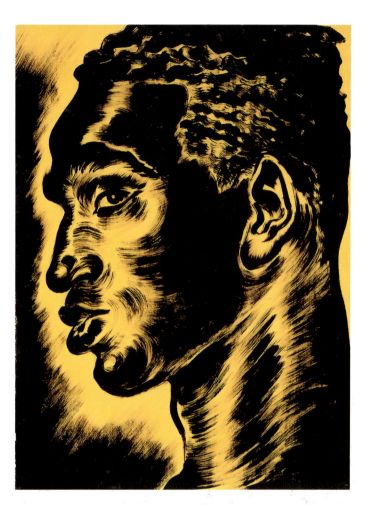
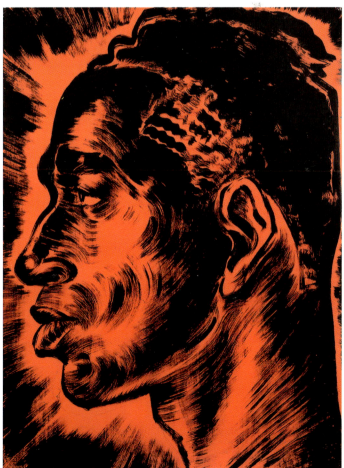

203

Ah! Antonio!

Anna Piaggi
Katalog Antonio-Retrospektive,
Mailand 1988

Von links nach rechts:
Eija, Juan, Jacques,
Karl und Antonio,
Apartment am Blvd.
Saint Germain, Paris
1973.
Ganz rechts: Carol
und Antonio,
Apartment in der Rue
Bonaparte, Paris 1970.

A h! Antonio! Ich lernte Antonio Ende der 60er Jahre während seiner europäischen Pop-Phase in Paris kennen, und seitdem war ich davon überzeugt, daß das Ausrufungszeichen zu ihm wie zu keinem anderen paßte.

Ah! Wenn er im Club Sept tanzte und irgendwelche neuen Tanzschritte erfand. Ah! Wenn er, von seinem herrlichen Gefolge umgeben, das La Coupole betrat! Ah! Diese dunklen Augen, die mit Corey Tippins Make-up noch dunkler wirkten, der weiße Filzhut von Gelot, wehende Schals, Schmuck von Lalique und in der Luft ein Duft aus Tabac Blanc, Fracas und Jacques Fath ... Und da waren sie alle: Jerry Hall, Eija, Pat Cleveland, Donna Jordan, Jane Forth und Juan Ramos, Jay Johnson, Corey, Tom Cashin, Jack Alexander...

Ich sehe Antonio vor mir, wie er nachts in einer Wohnung in Saint Germain zeichnet, ein paar knappe Stunden vor dem endgültigen Abgabetermin für *Elle* oder *Dépêche Mode*. Wenn er etwas in letzter Minute und mit dem allerletzten Aufschub fertigstellen mußte, dann stimulierte ihn das zu einer verzweifelten, kreativen Unruhe, dann sprühten seine Stifte, Pinsel, seine typischen Gesten und alles um ihn herum Funken; die Luft war voller Musik und heizte sich auf, wenn die Mädchen schließlich »Form annahmen« und erfinderisch wurden, gemeinsam mit ihm: Diaghilev, Svengali, Malcolm McLaren. Impressario und Magier.

Für künstlerische Anregungen war er schon in Amerika ausgesprochen empfänglich gewesen, jetzt nahm die Integration der europäischen Stimmung ihren Lauf, dabei kam unversehens ein Sandwich heraus: eine Schicht Antonio, scharf und würzig, die andere Schicht Karl Lagerfeld, »Mitteleuropäer« und vorausschauend, ein Quentchen Andy Warhol, unentbehrlicher chemischer Katalysator dieser Periode, eine Prise Café Flore und Hotel Crystal. Bohème, Literatur, »Pose« und die Freude, »auf diese Art« bewundert zu werden, wo er doch als puertoricanisches Kind und als Teenager unter der Mißachtung der reichen, anständigen amerikanischen Weißen zu leiden hatte, unter dieser schwarzen Wolke des Vorurteils, einer Einstellung, die ihn fertigmachte. Und jetzt dieser phantastische europäische Kuchen, gekrönt mit einem kirschensüßen Zuckerguß allgemeiner Bewunderung, diese Aufforderung zum Narzißmus, diese Freiheit, sich so exzentrisch zu kleiden, wie einem zumute war. Das eröffnete eine neue Ära, entfesselte buchstäblich eine völlig neue Vorstellungswelt. Einige seiner Pariser Zeichnungen mit Bleistift und Tusche sind regelrecht »elektrisierend« (zum Beispiel die *Elle*-Zeichnungen). Oft brachte ihn seine reale Umgebung, vor allem aber die körperliche »Bürde« seiner amerikanischen Modelle – die ihrerseits von Paris infiziert waren –, dazu, Polaroids als wichtige Ergänzung seiner Zeichnungen einzusetzen. Inzwischen sind es längst nicht mehr die Straßen von New York, die ihn inspirieren, sondern die Cafés von Paris. Als enthusiastischer »Korrespondent« des Magazins *Interview* liefert er ganze Skizzenbücher voller »Momentaufnahmen« von Menschen ab, allesamt versehen mit seiner geradezu kalligraphischen Schönschrift, die immer ein integraler Bestandteil seiner Zeichnungen ist. In ihnen findet sich seine ganze Neugierde auf Menschen und seine ganze Freundlichkeit wieder: da ist Madame Réjane, die Kassiererin aus dem Flore, in ihr Kreuzwort-

rätsel vertieft, da ist Jean-Paul Sartre im Via Brazil, Josephine Baker im Bobino, Loulou de la Falaise im Angelina's. Für sie alle hat er eine freundliche Bemerkung, eine persönliche Parodie parat, denn auch seine gutmütige, ironische Art, sich über etwas lustig zu machen, gehört zu seinen Spezialitäten.

Wir schreiben das Jahr 1976: Karl Lagerfeld, eine große Inspiration, ein Freund und Trendsetter, wechselt von seiner Pop-Phase zum 18. Jahrhundert. Und Antonio beschließt, daß es Zeit ist, in sein New York zurückzukehren, in das Getöse der Ghettoblaster, dieser gigantischen Stereoradios, die die puertoricanischen Straßenkids auf volle Lautstärke aufdrehen. Es ist für ihn, den begnadeten Talentsucher, auch an der Zeit, neue Schönheiten für seine Zeichnungen zu entdecken, neue Gesichter, neue Heldinnen, die er fördern kann. In Europa läßt er außergewöhnliche Zeugnisse seiner künstlerischen Assimilationen zurück, darunter die »europäischste« seiner Arbeiten, die hinreißende Bleistiftreihe über Paloma Picasso, in BH und Slip, ganzfigurig und sehr »picassoesque«. Zurück bleiben auch sehnsuchtsvolle Erinnerungen wie an eine vergangene Epoche, unwiederholbar, aber unvergeßlich: der »Train Bleu«, seine Ankunft in Saint Tropez, der Rolls Royce, der auf ihn und seine Truppe wartet. Hüte, Regenschirme, Schrankkoffer, farbenfrohe Reisetaschen und diese Mädchen in den verrücktesten Hot-Pants.

Meine Zusammenarbeit mit dem Illustrator Antonio begann im April 1971 mit vier Seiten in der italienischen *Vogue,* auf denen Hot Pants von Krizia, vorgeführt von Carol Labrie, zu sehen waren – eine Beziehung, die ungefähr zehn Jahre später für *Vanity* wiederbelebt wurde. Nach seinem französischen Intermezzo war Antonio wie gesagt nach New York zurückgekehrt, dessen gewichtiges, lebendiges Erbe er niemals aufgegeben hatte. Und noch einmal nahm er dort eine kräftige Dosis amerikanischer Kultur in sich auf. Bei seiner Ankunft in Mailand 1980 war er ein ausgereifter Modekünstler, und die typische amerikanische »Straßenmode«, der er sich voll verschrieben hatte, traf hier auf High-Tech und Design, auf eine wahre Sucht nach Details und eine neue Woge intellektueller Frische – was eine formale Erneuerung unter künstlerischer Oberaufsicht zur Folge hatte. In all den Jahren seiner Karriere, seit dem Moment, als er die Schule, das Fashion

Add ad lib

By PATRICIA PETERSON

Institute of Technology, und seine Lehrerin, Anna Ishikawa, verließ, hatte Antonio für Routine und Wiederholung immer nur Spott und Hohn übrig. Seine Zeichnungen reagierten auf alle vorbeiziehenden Bewegungen: Pop, Op, Psychedelic, Minimalismus, Ethno. Er hat viel gesehen und erlebt: seine Kindheit in Utuado, Puerto Rico, und danach in San Juan. Im Vorbild seiner Mutter, die sehr jung, schön und überaus feminin war, entdeckte er den Glamour. Mit zwei Jahren zeichnete er sie in Kleidern, die sie selbst nähte, um damit Antonios erste künstlerische Schritte zu unterstützen. Seine Mutter hat Schuhe gesammelt, und von ihr hat er diese fetischistische Sammelleidenschaft für Schuhe geerbt, was in den 70er Jahren jene bemerkenswerte Serie von Zeichnungen zeitigte, die er »Schuh-Metamorphosen« nannte. Mit elf Jahren führte er in einer Kindersendung im Fernsehen Steptanz vor. Energie, körperliche Schönheit, die sexy Komponente der Straßenmode und insbesondere »La Moda« – Mode als das unaufhörliche Gespür für Neues – bildeten die Basis seiner Kunst. Antonio war so etwas wie ein ungeheurer Schwamm, der bis zu seiner Ankunft in Mailand 1980 sämtliche Bewegungen und Umwälzungen New Yorks absorbiert und verarbeitet hatte: die Zeit nach Vietnam, die Disco-Szene, die Schwulenbewegung, Studio 54, Drogen, Gloria Steinem und den Feminismus, Designer-Jeans, Leder, Harlem ... bis hin zur Invasion der Yuppies. Die Dokumentation seines Werks, von seinem überaus professionellen Partner Juan Ramos zusammengestellt und koordiniert, ist Ausdruck seiner täglichen Besessenheit und seines künstlerischen Enthusiasmus. Männliche Schönheit, natürlich, sinnlich, primitiv, echt, hat ihn tief berührt, und seine Zeichnungen von Männern strahlen ein instinktives Gespür für körperliche Stärke, umwerfende Jugend und vitale Eleganz aus.

Der Eklektizismus ist eine weitere Konstante und eine wichtige Bezugsgröße in seinem Zeichenstil, seinem Design und seiner Graphik; er spielt in jeder Phase seiner Karriere eine entscheidende Rolle, angefangen bei der barocken Sportmädchen-Kampagne über die berühmte *New York Times*-Serie à la Léger bis hin zu seinen Multimedia-Zeichnungen, in denen er Skizzen mit Photographie und Graphik kombiniert. Aber über all dem stand seine unentwegte Suche nach

Von oben nach unten:
Antonio mit Freundin,
New York 1986.
Corey, Donna und
Antonio, St. Tropez
1970.
Eija bei Guy, Paris
1972.

Neuem. Und hier, in Italien, in Mailand, war wieder einmal alles neu. Bei seiner zweiten Annäherung an Europa, das er inzwischen anders sah, überfiel ihn, abgesehen von der bereits erlebten Energie und Vitalität, eine unendliche Neugier, alles neu zu sehen und neu in sich aufzunehmen. In Mailand landete er als erstes im Grand Hotel de Milan, wo sich aber keine rechte Kreativität einstellen wollte, danach eine Weile in einem Raum des Alfa Castaldi Studios (wo fast sämtliche Arbeiten für *Vanity* entstanden), als nächstes in der Via Morimondo und den *Vogue*-Studios und schließlich in der Via Salvini, wo er seine Missoni-Kampagne gestaltete. Auf seinem Zeichentisch lagen neben den Pinseln, Stiften, Bleistiften, Haarnetzen und ähnlichem ganze Stapel von Büchern und Ausstellungskatalogen. Tatsächlich brachte Mailand Antonio dazu, mit seinem großen Traum, dem wirklichen Zeichnen, zu beginnen. Er wollte das Image des kommerziellen Künstlers loswerden und nur noch zeichnen. So leicht es ihm fiel, eine neue Technik für seine Modezeichnungen zu adaptieren, so schwierig erschien es ihm, seine Hand praktisch zu sich selbst zurückzuführen und als »reiner Künstler« wiedergeboren zu werden.

Ich glaube, daß das »*Vanity*-Portfolio« für Antonio eine sehr ermutigende und offene Möglichkeit war, auf seinem eigenen Weg voranzukommen. Die erste Ausgabe (September 1981) enthielt eine Sonderbeilage, in der Antonio die italienische Mode im Stil großer Maler und Zeichner verschiedener Epochen präsentierte: Armani sah und interpretierte er im Sinn von Richard Dadd, Missoni im Sinn von Balthus, bei Soprani entschied er sich für Chirico, bei Walter Albini für Liotard oder Delacroix, bei Fendi für Gibson, bei Ken Scott für Vertès.

Gründliche Recherche und Phantasie zeichneten Antonios Arbeiten für *Vanity* aus. Mode war und ist immer Erzählung, Sensation, das »Portrait« einer Zeitepoche, egal ob in der Vergangenheit oder Zukunft, von Cecil Beaton über Charles James bis zur »Revue Nègre«, von Musical-Kostümen und Jazz-Combos im Hintergrund bis zu den Neuen Amerikanischen Indianern der 80er Jahre mit ihren rotgestreiften Gesichtern, ihren Zöpfen und bunten Federn im Haar bis hin zu den ultrastilisierten, von Ninoza und Hirschfeld beeinflußten »Cartoons«. In der Oktober-Ausgabe 1983, für die er sich eine Mischung aus Transvanguardia und neuem Surrealismus ausgedacht hatte, deutete sich ganz leise eine Spur von Schmerz an. Eine dieser Zeichnungen – eine neoklassizistische, statuenhafte Dame, die mit roten Kämmen gespickt ist – wird Juan Ramos vier Jahre später für Antonios Todesanzeige auswählen.

Diese Ausstellung und dieser Katalog offenbaren schlicht und klar einen sehr wichtigen Punkt in Antonios Œuvre, wichtig für jeden, der sich für die Illustration als Ausdrucksmittel entscheidet: die Leidenschaft für das gedruckte Bild, die Faszination, die ein Bild selbst dann noch ausübt, wenn es von Buchstaben eingerahmt ist, werden, sofern die Seele dabei ist, zur professionellen Droge, zu einer Art moderner Antwort auf den künstlerischen Impuls.

Ich bin davon überzeugt, daß es für Antonio keine aufregendere Ausdrucksform gab, als für eine Zeitschrift zu zeichnen. Ich denke, daß jener Antonio, der einst davon träumte, sich ganz der »reinen« Kunst zu verschreiben, heute in den Räumen eines Museums seinen Kampf gewonnen hat und sein eigener Künstler geworden ist. Das gedruckte Bild war für ihn ein Abbild der wirklichen Kunst und folglich sein Sieg deren perfekte Umsetzung.

Oben: Antonio, Paris 1970.
Unten: Jerry und Antonio, New York 1979.

Tafelverzeichnis

136	*Vanity* Nr. 5, Italien: Claude Montana, 1982 Bleistift, Wasserfarben, 35,6 x 48,3 cm		**172-173**	Cassina-Kampagne, Italien 1982 Bleistift, Wasserfarben, 50,8 x 94 cm
137	Nordstrom, 1985 Bleistift, Wasserfarben, 38,1 x 55,9 cm		**174**	Norma Kamali-Kampagne, 1986 Bleistift, Wasserfarben, je 38,1 x 55,9 cm
138-139	Bloomingdale's, 1981 Bleistift, je 33 x 40,6 cm		**175**	Rechts: H. D. I.: Adolfo, 1986 Links: Norma Kamali-Kampagne, 1986 Bleistift, Wasserfarben, je 38,1 x 55,9 cm
140	Bloomingdale's 1982 Bleistift, je 33 x 40,6 cm		**176**	*Vanity* Nr. 8, Italien: Moschino, 1983 Bleistift, Wasserfarben, 48,3 x 68,6 cm
141	Bloomingdale's: Issey Miyake, 1982 Bleistift, 33 x 40,6 cm		**177**	*Vanity* Nr. 8, Italien: Valentino, Moschino, Krizia, 1983 Bleistift, Wasserfarben, je 48,3 x 68,6 cm
142-143	Bloomingdale's, 1981 Mischtechnik, je 43,2 x 48,3 cm		**178**	*Vanity* Nr. 9, Italien: Armani, 1983 Bleistift, Wasserfarben, 48,3 x 68,6 cm
144	Bloomingdale's, 1983 Bleistift, je 27,9 x 33 cm		**179**	*Vanity* Nr. 9, Italien: Gianfranco Ferre, 1983 Bleistift, Wasserfarben, 48,3 x 68,6 cm
145	*Vanity* Nr. 10, Italien: Paloma Picasso, 1984 Bleistift, Wasserfarben, 25,4 x 33 cm		**180**	*Vanity* Nr. 9, Italien: Oben: Missoni, 1983 Unten: Cerruti, 1983 Bleistift, Wasserfarben, je 48,3 x 68,6 cm
146-147	*Vanity* Nr. 2, Italien: Valentino, 1982 Bleistift, Wasserfarben, 48,3 x 68,6 cm		**181**	*Vanity* Nr. 9, Italien: Jean-Paul Gaultier, 1983 Bleistift, Wasserfarben, 48,3 x 68,6 cm
148-149	Oscar De La Renta-Kampagne, 1982 Bleistift, Wasserfarben, 48,3 x 73,7 cm		**182**	*Vanity* Nr. 9, Italien: Gaultier, Biagiotti, Yo & Ko, Valentino, 1983 Bleistift, Wasserfarben, je 48,3 x 68,6 cm
150-151	*Vanity* Nr. 2, Italien: Versace, 1982 Bleistift, Wasserfarben, je 34,3 x 48,3 cm		**183**	*Vanity* Nr. 9, Italien: Timmi, 1983 Bleistift, Wasserfarben, 48,3 x 68,6 cm
152-153	*Vogue,* Italien: Gianfranco Ferre, 1982 Bleistift, Wasserfarben, 38,1 x 53,3 cm		**184-185**	*Vanity* Nr. 9, Italien: Karl Lagerfeld / Paloma Picasso, 1983 Bleistift, Wasserfarben, je 48,3 x 68,6 cm
154	Diamaru, Japan: Antonio-Ausstellung, 1983 Marker, Gouache, 50,8 x 63,5 cm		**186-187**	Missoni-Kampagne, 1983 Bleistift, Wasserfarben, je 48,3 x 68,6 cm
155	*Vogue,* Italien: Gianfranco Ferré, 1982 Bleistift, Wasserfarben, je 38,1 x 53,3 cm		**188-191**	Missoni-Kampagne, 1984 Bleistift, Wasserfarben, je 35,6 x 45,7 cm
156-157	Diamaru, Japan: Antonio-Ausstellung, 1983 Marker, Gouache, je 50,8 x 63,5 cm		**192-195**	Missoni-Kampagne, 1985 Mischtechnik, je 30,5 x 38,1 cm
158	Portrait Bill »Blast« Cordero, 1983 Bleistift, Wasserfarben, 58,4 x 78,7 cm		**196**	Portrait Claudia, 1985 Acryl, Gouache, 167,6 x 208,3 cm
159	*Vanity* Nr. 5, Italien, Armani, 1982 Bleistift, Wasserfarben, 35,6 x 48,3 cm		**197**	Anonymes Portrait, 1985 Acryl, Gouache, 111,8 x 152,4 cm
160	Portrait Angelo Colon, 1983 Bleistift, Wasserfarben, 58,4 x 78,7 cm		**198**	Portrait Doze, 1985 Acryl, Gouache, 167,6 x 152,4 cm
161	*L'Uomo Vogue,* Italien 1982 Bleistift, Wasserfarben, je 25,4 x 33 cm		**199**	Portrait Angelo Colon, 1985 Acryl, Gouache, 111,8 x 152,4 cm
162	Portrait Mike Morino, 1983 Pastellfarbe, 58,4 x 33 cm		**200-201**	Portrait Bill »Blast« Cordero, 1986 Acryl, Gouache, je 55,9 x 76,2 cm
163	*Gentleman's Quarterly,* USA 1984 Mischtechnik, je 38,1 x 48,3 cm		**202-203**	Portraits von 18 Männern, 1986 Acryl, Gouache, je 55,9 x 76,2 cm
164	Oben: Portrait Liz Rivera, 1983 Unten: Portrait Grace Jones, 1983 Bleistift, Wasserfarben, je 58,4 x 78,7 cm		**204**	C. F. D. A.: C. Lacroix, D. Karan, O. De La Renta, G. Beene, 1986 Tusche, je 38,1 x 45,7 cm
165	Portrait Maria Snyder, 1983 Bleistift, Wasserfarben, 58,4 x 78,7 cm		**205**	Portrait Karen Swindell, 1986 Tusche, 38,1 x 45,7 cm
166-167	*Vogue,* USA 1985 Bleistift, Wasserfarben, 55,9 x 76,2 cm		**206-207**	Portrait Jane Thorvaldson, 1986 Tusche, je 38,1 x 45,7 cm
168-169	*Vanity* Nr. 3, Italien: Charles James, 1982 Bleistift, Wasserfarben, je 38,1 x 55,9 cm			
170-171	*Vanity* Nr. 7, Italien: Capucci, 1983 Bleistift, Wasserfarben, je 48,3 x 68,6 cm